オレは絶対にワタシじゃない

トランスジェンダー逆襲の記

遠藤まめた 著
endo mameta

発行＝はるか書房　発売＝星雲社

はじめに

みんながやってない生き方をすることは、どっちかというと面倒なことだ。

このことを私たちは、小学校ぐらいのときから学んでいる。

今でも思い出すのは、小学校高学年のとき、クリエイティブな掃除方法を考えたのに、担任に叱られたことだ。

まず、ほうきと雑巾を組み合わせてモップを発明したのだけど、ダメだった。次に、雑巾がけの姿勢で台車に乗り、台車を転がすというハイパー・スピーディ・クリーン・メソッドを考案したが、もっとダメだった。

みんながしてるのと同じ生き方でいたほうがラクだし、無難だし、おそらく幸せにも生きられる。そんなメッセージを知らず知らず受け取りつつ、私たちは集団のなかで育っていく。

でも、それじゃあどうしてもうまくいかなくなる瞬間というのも、人生には必ず訪れる。

本書は、そんな「みんなと同じじゃ、ダメなんだ」という瞬間を、はからずもディープに味わうことになってしまった、あるトランスジェンダーの軌跡と冒険について描いたものだ。

この本を書いている私は、三一歳のトランスジェンダーだ。トランスジェンダーとは、生まれたときの性別と自認する性別が一致していない人のことをいう。

三〇〇人にひとり。これが国連開発計画に載っていたトランスジェンダーの割合だ。

諸説あって、何千人にひとり、という説もある。でもこのさい、どっちでもいい。三〇〇人中二九九人はトランスジェンダーではないし、数千人中ほぼ数千人はトランスジェンダーではないのである。

マイノリティである私は、みんなと同じ生き方をのほほんとしているわけにはいかなかったし、社会にも変わってもらわねばならないところがあったので、今ではあちこちで多様な性についての講演をしたり、ものを書いたりしている。あんまりいないツチノコみたいに感心されることもあるが、本書で伝えたいのは、もう少し普遍的なことだ。

トランスジェンダーじゃなくたって、誰にだって人生は面倒なものだし、世の中の当たり前はキュークツだ。

トランスジェンダーじゃなくたって、誰にとっても「自分という存在」は思いどおりにはいかないものだ。

さらに、社会にはいつでも未解決の課題があって、私たちは無力な存在ではなく、社会を変えることもできるのだ。

マイノリティという切り口で、ある人が自分の経験を書くことは、いつだってほかの人たちを勝手に勇気づけたり、共感させたり、笑わせたりする。そう信じているから、この本を送ることにした。

人生思いどおりにいくことばかりではないし、カッコいいことばかりでもないが、そんなに捨てたもんでもない。

だから、とりあえず、生き延びようぜ。

もくじ

第2章　自分が動けば、ちょっとずつ社会も動く

第3章 一歩を踏み出すと、新たな世界が見えてくる

イラストレーション　丸小野共生

序　章

もう、自分ひとりじゃ
どうしようもない

LGBTを知っていますか

「もしもし、まめちゃん？　こんばんわ。ごめんねえ、こんな時間に。元気だった？　あら、そう、よかった！　実は、まめにお願いしたいことがあるのよ」

よこはまチャイルドラインの徳丸さんから、ある晩、電話がかかってきた。チャイルドラインは一八歳までの子どもがかけられる専用電話で、徳丸さんとは二〇歳の頃からのつきあいになる。

「実はね、まめ、一〇月七日。一〇月七日です。空いてる？」

「空いてます」

「よかった、まめー。まめに、これは絶対にお願いしたい講演があってね。海老名よ」

「海老名で講演ですか？」

「そう。とはいっても、海老名の人たちが主催で、私は詳しくはよくわからないの」

「はい」

「でも、まめにお願いしたくて。詳しくはよくわからないんだけどね」

「三催の方に訊いてみます」

「よかったー、まめ。てか、まめ、本当に体調は大丈夫なの？　まめが入院していたとき、私はまめのブログをひっそり読んで、涙を流していたのよ」

その二年前に、私は「全身性エリテマトーデス」という難しい名前の病気になって、二か月弱入院したことがある。

平熱が三七度を超えて、夜になると三八度台になっていた。その当時は体温計が壊れていたのだと思っていたが、壊れていたのは自分の体だった。エイプリルフールの日に強制入院になり、治療のために大量のステロイド漬けへ。

そのステロイドの副作用のせいで、テンションがアッパー系に振り切れた私は、絶賛・躁《そう》状態で病人のくせに毎日ブログを更新しまくっていた。すっかりよくなった今では、当時の記録は恥ずかしくて、内心では削除したい。

「心配してくれてありがとうございます。今は寛解《かんかい》*していて、ほとんど普通です」

たしか、入院中に大腸カメラをやったときには何リットルもの下剤を飲まされ、絲山秋子**の病院脱走小説『逃亡くそたわけ』をトイレで読みながら、もう文字どおりくそたわけだった、なんてブログも書いていたっけ。

*　寛解
病気がおおむね良くなって、なりをひそめている様子。完治ではないので、調子にのると復活することもある。

**　絲山秋子
日本の小説家。知人の新聞記者が彼女の大ファンで、入院中に絲山作品をたくさん送ってくれた。

「よかった、まめ。じゃあ、一〇月に海老名、海老名ね」
電話が切れた。

チャイルドラインは、たいていは子育てが終わった世代のお姉さま方が主な構成メンバーとなり運営されている。これまで「よこはまチャイルドライン」のほか、「チャイルドラインとちぎ」などでも研修でお世話になってきた。「とちぎ」のときは研修後にパンケーキファクトリーに連れていかれ、お姉さま方とひたすらパンケーキを食べ続けた。マカデミアナッツミルク。ベリー・ベリー・ホイップタワー。バナナ・チョコチップ。砂糖と脂肪が脳みそにまわって、何が何だかわからない。

日頃は子どもたちの話を傾聴する仕事をしているお姉さま方は、パンケーキ屋では解放されたのか、もっぱら「話す専門」にギアチェンジしている。しかし、普段は子どもたちの声にしっかりと寄り添う、たのもしい相談員なのだ。

パンケーキの後は、お土産にと、後日たくさんの餃子を送ってくれた。ありがてえ。

私は現在三一歳で、ＬＧＢＴなどのセクシュアル・マイノリティの子どもや若者支援に関わっている人間だ。セクシュアル・マイノリティとは、現在の社会のなかで「これが普通」「こうあるべき」だと思われている「性のあり方」に当てはまらない人たちのことを、まとめて指す総称のこと。LGBTとは、レズビアン（L）、ゲイ（G）、バイセクシュアル（B）、トランスジェンダー（T）の頭文字《かしら》をとった略称だ。

それぞれ、次のような人たちを表している。

レズビアン：女性を恋愛や性愛の対象とする女性
ゲイ：男性を恋愛や性愛の対象とする男性
バイセクシュアル：男女どちらにも恋愛や性愛の対象が向く人。あるいは、同性か異性かなどという問いそのものを拒否する人
トランスジェンダー：出生時に割り当てられた性別と、自分のアイデンティティが一致しない人の総称。いわゆる「からだの性」（セックス）と「こころの性」（ジェンダー・アイデンティティ）が一致せず違和感をもつ人

この辺は聞き慣れない人もいるかもしれないので、初めに簡単な解説をして

おこう。
まずＬＧＢＴにおける前三文字「ＬＧＢ」は、どんな性別の人を好きになるのか（性的指向）に関するマイノリティだ。現在の社会では、異性を好きになることが当たり前とされているフシが*あるけれど、これは必ずしも全員に当てはまるわけではない。同性のみに惹《ひ》かれる人もいれば、男性にも女性にも惹かれた経験をもつ人もいるし、そもそも「好き」がよくわからないという人もいる。

性的指向は、自分の意思や努力によって変えたり選びとったりすることが困難なもので、どの社会にも一定の割合で同性に惹かれる人びとは存在する。

さまざまな調査があるが、一般的には同性に惹かれる人たちは人口の三〜五％ぐらい存在するようだ。これは「左利き」の人たちと同じくらいの確率なので、「でも、自分のまわりには同性愛者の人はおらんべえ」と思った方は、ためしに自分のまわりにいる「左利き」の人たちの数をカウントしたらいいだろう。それなりにいるだろうから。同性に惹かれる人たちの姿が「左利き」よりも見えにくくなっているのは、それをオープンにしづらい社会の雰囲気、偏見があるためである。たとえ見えにくくされていたって、「好き」にはいろいろなカタチがあるのだ。

＊　異性愛者（ヘテロセクシュアル）
異性を恋愛や性愛の対象とする人のことを表す。今の社会では、このような人びとのことを「フツー」と称することが多いが、「フツー」は人によって異なるので、このように多数派の人たちにもきちんと名前がついている。

いっぽうで、LGBTの最後の一文字「T」は、「自分が認識している性別」に関するマイノリティを表す。

だいたいの人たちは、出生時にあてがわれた「男性」や「女性」という性別で自分をそのまま認識し、特に問題もなく暮らしている。しかし、トランスジェンダーの人たちは、そのあてがわれた性別とは「異なる性別」のアイデンティティをもつ。たとえば、女性の体で生まれた人が「自分は男性だ」と認識していたり、男性の体で生まれた人が「自分は八五%ぐらいは女性だ」ととらえていたりする。*

トランスジェンダーの生き方はさまざまだ。人によってはホルモン注射や性別適合手術などで体を変えるが、特にそれらの治療を希望せず、服装や社会的なあり方が尊重されればハッピーという人もいる。女体に生まれた人間にテストステロン**を打てばヒゲが生え、声も低くなる。男体にエストロジェン***を投与すれば、肌がきめ細やかになり、胸がふくらんでくる。そう考えると医学の力はすごいものだが、この辺はもちろん個人差もある。

日本では性同一性障害という言葉が有名だが、これはトランスジェンダーを医学的に表した場合の名称だ。注射や手術をするのには「病気である」という大義名分があったほうがいいなどの事情によって「障害」という名称がついて

* Xジェンダー
自分を男性・女性どちらでもない、あるいは、どちらでもあると感じる人びともいて、Xジェンダーと呼ばれたりする。性別の自己認識は、一〇〇%男か一〇〇%女かのどちらか、ということではない。

** テストステロン
男性ホルモンの一種。

*** エストロジェン
女性ホルモンの一種。

いるが、トランスジェンダーを病気として扱うことの是非については国際的な議論＊もある。人口比から言うと、トランスジェンダーの割合は数百人〜数千人にひとり程度、という説が有力だ。

さて、以上がLGBTについてのおおまかな解説だが、読者のみなさんはこれまで、このような「多様な性」のことを学校できちんと教わったことがあるだろうか?

ひょっとしたら、最近の学生なら「教わりました!」という人もいるかもしれない。

でも私の場合は、なかった。

そして、パンケーキファクトリーで、マカデミアナッツミルクを一緒につついた電話相談員のお姉さま方にも、そのような機会はなかった。多様な性について、みんながきちんと学ぶ機会なんて、つい最近まで、ほとんど皆無にひとしかったのだ。

それでも、今この瞬間に悩んでいる子どもたちからの電話はかかってくる。

「ぼくには、好きな人がいて、そのことで実は悩んでいて……」

何も知らなければ、相談員は「好きな相手は女の子」だと、勝手に決めつけ

＊ トランスジェンダーの脱病理化
この本を書いている二〇一八年六月に、世界保健機関は性同一性障害を国際疾病分類の精神疾患カテゴリーから正式に外し、性別不合と名前を改めた。今度からは「性の健康に関連する状態」という新しいカテゴリーがつくられ、そこに分類される。

ていただろう。どんな女の子なの、と口走った瞬間、「ぼく」から二回目の電話が鳴ることにない。

この子は、電話相談員にすら、本当のことを言えないのだと確信するだろう。だからこそ、私たちは一緒に研修会を続けているのだ。

地道に社会を変えています

神奈川県海老名市での講演の詳細がわかったのは、徳丸さんからの電話があった一週間後のことだった。

自宅に届いた手紙には、LGBTについて広くみんなが学べる機会が海老名にはないこと、一昨年には市議が差別的な発言をしてテレビや新聞で大きなニュースになってしまい残念だったことが書かれていた。

「そういえば、海老名だったな」

思い返せば、二〇一五年の秋。海老名市の市議会議員が、LGBTへの差別発言で新聞をにぎわせていた。

「生物の根底を変える異常動物*だということをしっかり考えろ!」

市議は、同性愛者についてツイッター上にこう書き込み、大炎上。批判を受

* 異常動物
自然界には一六〇〇種を超える生物に、同性間の性行動やカップリングが見られる。ペンギンのオス同士のカップルが、ニューヨーク市動物園で育児放棄された卵を温めてヒナを返したという実話は、『タンタンタンゴはパパふたり』というかわいい絵本にもなっている。動物のセクシュアリティは、うんちを投げたり、相手を食べたりと、人間の想像力をはるかに超える多様さなので、何が異常なのかを決めるのは難しい。

けて「酔っぱらっていた」と投稿を削除したが、その後も似たような言動を繰り返し、しまいには議会から辞職勧告を出されてしまったのだった。

いったい何が悲しくて、七〇歳を過ぎてからこんなことで全国ニュースに載らなくてはいけないのだろう。だが、この市議のような「残念な人」は、別にどこにでもいるじゃないかと報道を見て感じたものだ。

この人がたまたま公職についていたから非難されたけれど、多様な性に関する知識の不足や差別的な軽口というのは、どこにでもあふれていることだと思われた。

手紙をくれた人は、そのことをよくわかっていたので、だからこそ海老名でもういちど、このテーマについてあらためて考えるチャンスをつくりたいと願ったのだろう。

そんなわけで、市民向けの講座が一本決まった。よっしゃ。


このような市民講座で話をするほかにも、私は前述したチャイルドラインでの研修や、教員研修、子ども向けの授業などに時間が許すかぎりは出かけていって、多様な性についての基礎知識やＬＧＢＴの人たちが置かれた状況について話している。二〇一六年には『先生と親のためのＬＧＢＴガイド――もしあなたがカミングアウトされたなら』（合同出版）を出した。

さらに、私は毎年五月一七日を「多様な性にＹＥＳの日」とする全国キャンペーンを呼びかける団体の代表をしている。「多様な性にＹＥＳの日」というのは、国際的な記念日である「ＬＧＢＴ嫌悪に反対する国際デー（ＩＤＡＨＯＴ：International Day Against Homophobia, biphobia and transphobia）」を日本向けにアレンジして訳したもので、日本記念日協会*にも登録している。

この団体では、全国に住む「多様な性について何か発信したいけど、何をしていいかわからない人」のハートに火をつけて、たとえ三人でも集まれば、自分の街でなんらかのアクションができる方法などを提案している。日本全国はとても広いから、地域によっては「ＬＧＢＴなんて都会の話で、うちの街にはひとりもおらんじゃろう」と思われていることはよくある。地域のなかで「すでに一緒に生きている」ことを知ってもらうのは、とても大切なことだ。

そのほかにも、いろいろやっている。必要とあれば国会議員に会いに行くし、自分はＬＧＢＴかもしれないと思っている子どもや若者の居場所づくりもしている。名前は「にじーず**」といって、ここにくる子どもたちは自由にだらだら遊ぶことができる。

＊　日本記念日協会　日本のさまざまな記念日を登録している団体。同協会によれば、五月一七日は「国産なす消費拡大の日」でもある。

＊＊　にじーず　https://24zzz.jimdo.com

さて、こんなふうに書くと、さぞかし「ＬＧＢＴの活動をメインとして働いている人なのだろう」と勘違いされそうだが、実をいうと、私は平日昼間には「勤め人」をやっていて（！）、これらはすべて仕事のかたわらやっているライフワークだ。

なかなか活動だけでは食っていけないんだよなぁ。

始めた理由は、ノー・フューチャー

ところで、すべての行為には「始めた理由」と「続けている理由」が存在する。私の活動についても同じことが言える。

このうち後者、つまり私が「活動を続けている理由」は、好奇心と楽しさだ。私がＬＧＢＴについて活動を始めたのは、高校を卒業した一八歳の頃で、いわゆる「当事者団体」に顔を出したことがきっかけだったが、活動をしていると、本当にいろいろな人と出会えることに感動したものだ。

ＬＧＢＴコミュニティには、たんに共通項が「ＬＧＢＴ系」というだけの、実にバラエティに富んだ人びとがいる。そこには恋愛より数学が好きな人も、会社員も木こりも、パイロットもストリッパーもいる。たぶん学校と家や職場の往復だけでは、たとえば南アフリカからきたラディカル・フェミニストと「革命家チェ・ゲバラ」*について熱く語り合うなんてことはなかっただろう。
好奇心があれば、出会いは楽しめるものだ。

活動のおかげで、かなり「珍」な経験もしてきた。二〇一六年には、異国の地で「時速一四〇キロのタクシーに乗る」という体験もできた。

国連が主催するNGO向けの国際会議にどうしても出席したくて、韓国へ飛んだときのことだ。語学に自信がなかった私は、ソウルからの新幹線KTXのなかではしゃぎながら、友人と「折り鶴」をどんどん生産しつづけていた。

「鶴があれば、言語のカベはなくなり、友人ができるにちがいない」

そう目論んで、KTXで過ごすこと約二時間。指定された駅に着くと、そこは文字どおり何もないところだった。

広がる大地に、道路の両脇に「welcome」と書かれた国連の水色の旗だけが、ずっと並んでいる。つかまえたタクシーは一般道を暴走しまくり、国連の「welcome」旗は、光の速さで後方へと飛びつづけていた。

友人が「お母さんに泣きながら電話したくなりますねー」とジョークをとばして三〇分経過。ようやく到着した国際会議場はピカピカで、なんとか折り鶴を駆使して参加者と交流をした後、日本に帰ることができた（一〇〇円ショッ

＊ チェ・ゲバラ
一九二八年生まれ。キューバ革命におけるゲリラ戦を指導した。遺した名言のひとつ、「もし私たちが空想家のようだといわれるならば、救い難い理想主義者だといわれるならば、出来もしないことを考えているといわれるならば、何千回でも答えよう、『そのとおりだ』と」は有名。

プの模造紙で展示していたのは、世界中で自分たちだけだったが……)。

そんなわけで、「活動を続けている理由」のほうは比較的ポジティブなのだが、いっぽう、もうひとつの理由、つまり「活動を始めた理由」のほうは、なかなか切ない。

なぜ、わざわざLGBTについての活動を始めたのか。社会を変えたい、などと思うようになったのか。

その問いに対する答えは、ひとことで言えば「不穏」だ。

「不穏」——三省堂の辞書を引いてみると、「おだやかでないこと、危機や危険をはらんでいること。また、そのさま」である。

たぶん人は悲しみなしに、人権活動家になんてならない。


そもそも論から始めるが、カネも権力もない人間が「社会を変えたい」などと願うのは、基本的には狂気なのだ。胸に手を当てて考えてみよう。

「しがない庶民に、いったい何ができるというのだ……!」

自分のなかの「やめとけよ」という声が聴こえてくるだろう。

この世界の歴史は、力のない人間が、力のある人間によってボコボコにされてきた物語でいっぱいだ。織田信長は延暦寺を焼き打ちにしたし、ネイティブ・アメリカンは土地を奪われたし、ホモ・サピエンスは数えきれない動物を絶滅に追いやってきた。

少なく見積もっても、だいたい人類の歴史の八割ぐらいは、強いやつが弱いやつをブチかますことでできている。もう少しまともな社会にしよう、ということで生まれたのが民主主義のはずだが、こちらだって思いどおりにいくことばかりでもない。だって、選挙は多数決だし、アナキストの外山恒一*の言葉を借りれば、「われわれ少数派にとって選挙ほどバカバカしいものはない。多数決で決めれば多数派が勝つに決まってるじゃないか!」。

結局のところ、少数派が多数派にならないと、政治だって変わらない。政治とは数なり。数は力なり。だから、たったひとりぼっちで立つ個人が「社会を変えたい」なんて願うのは、なんともキケンなことなのである。やれやれ。

だからこそ、こんなキケンな願望は、たいていの場合には、よっぽどな理不尽に直面しないと生じてこない。

以前、ある学生にこんな質問をされた。

「まめたさんが活動を始めた原体験は何ですか?」

彼の瞳は、これからキング牧師のスピーチを待ち受けている民衆のようにきらきら輝いていたが、その瞬間、私は深海数百メートルに棲息するチョウチン

* 外山恒一
日本の革命家でありファシスト。二〇〇七年に都知事選に出馬し、政見放送中に中指を立てて伝説の泡沫候補となった。その翌年、アメリカ大統領選挙にも「立候補」している。

アンコウのような日々を思い出していたのだった。

「社会を変えるって、カッコいいですよね。目指している社会や理想は何ですか？　ぜひ、熱く語ってください！」

かのマーティン・ルーサー・キング・ジュニア*は、私が紹介するまでもないチョウチンアンコウは、暗い海の底でぼんやり泳いでいたのだった。

偉大なヒーローである。一九六三年のアメリカで、彼は集まった人びとにこう語りかけていた。

「私には夢がある。それは、いつの日か、私の四人の幼い子どもたちが、肌の色によってではなく、人格そのものによって評価される国に住むという夢である。今日、私には夢がある！　今日、私には夢がある！」

それに対して私ときたら、自分が活動を始めたのは、一〇代の頃に「ノー・フューチャー」だったからなのである。

「今日、私はノー・フューチャーである！」なんてスピーチをしたら民衆から石でも投げられそうだが、私だって石を投げたかったのである。

一〇代の頃に、あっ、人生終わったな、と思う瞬間があった。完全に行き詰まって、自分ひとりではどうしようもなくて、社会が変わらないとダメなんだと悟った瞬間があり、そのとき、すべてが始まったんだった。

＊ マーティン・ルーサー・キング・ジュニア　一九二九年生まれ。アメリカの公民権運動を率いたが、三九歳の若さで暗殺されている。有名な「私には夢がある」スピーチは、ほぼ即興だったらしい。

いったい何があったのかを読者のみなさんにご説明するにあたって、まずは少し長くなるけれど、私の子ども時代の話から、おつきあい願おう。

第1章

トランス男子が、社会を変えたいと思うまで

トランス人生の始まり

一九八七年の冬に埼玉で生まれた私は、上に兄が二人いる五人家族の末っ子だった。

待望の女の子だったらしいが、二歳ぐらいの私を見て、両親は「この子はきっと、将来結婚して家庭に入るような子どもではない」と勘づいたそうだ。理由はわからない。私といえば、将来はきっとアンパンマンか忍者になるものだと夢見ていた。

トランスジェンダーが「性別違和感をもちはじめる時期」には個人差があり、そもそもトランスジェンダーの生き方そのものが個人差のかたまりみたいなところがある。だから、これから私が書いていくことを根拠にして、トランスジェンダーはみんな幼少期からトランスっぽいんだとか、FTM*は全員リカちゃん人形が嫌いだとか、思わないでほしい。

――などとフライング気味に書いてしまったが、私は幼少期から、七五三の着物（女児用）で泣いたり、リカちゃん人形が極度に苦手だったりする子どもだった。

＊　FTM
Female To Male（女性から男性へ）の略。生物学的な性は女性で、性自認が男性であるトランスジェンダーのことを指す。その逆は、MTF（Male to Female）という。でも、最近は「わざわざ元女とか、元男とかいらなくね?」などの指摘がされ、FTMはトランス男性、MTFはトランス女性と表記されることが多い。

七五三事件は記憶にないのだが、あまりの号泣ぶりにマンションの隣の人が心配になってインターホンを押しにきたことは、末っ子の「武勇伝」として、後のちにまで語り継がれることになった。

いっぽうで「リカちゃん人形」の恐怖は、いまだに脳内で健在である。

たしか三歳ぐらいのときだったと思うが、知人のおばさんに、「好きでしょう？　あげるよ」と「リカちゃん」を差し出されたことがあった。まわりは微笑んで「もらいなさい」というムードをつくったのだが、この「リカちゃん」にのっぴきならぬ恐怖心を覚えてしまったのである。

ひとことで言えば、「こんな玩具で遊べるか」という恐怖心であった。

このままでは、わが身がアブナイ。絶対にいらないとムードをブチ壊し、以降おもちゃ売り場で見かけるたびに、「リカちゃん」コーナーからは急いで逃げるようになった。

おもちゃ売り場といえば、祖母に「なんでも買ってあげる」と言われたときに、普段は買ってもらえない戦隊モノの刀をねだって困らせてしまったこともあった。

「なんでも買ってくれるって言ったじゃん」と思ったけれど、結局はアンパンマンのねじ巻きおもちゃを買ってもらった。三〇代になった今でも、ねじを

巻けば、そのアンパンマンは走り出す。あの頃どんな気持ちで遊んでいたのかは、今ではもう覚えていない。

幼稚園では「お遊戯会」*に手こずっていた。クラスでは『赤ずきん』や『オズの魔法つかい』の劇をやったけれど、猟師やオオカミ、ロボット、ライオンの役はすべて「男の子の役」であって、自分にはできないらしいのだ。

当時は「性別」というボキャブラリがなくて、ただたんに、これは不公平やエコひいきみたいなものだと思っていた。自分が女の子に割りふられていて、世の中にジェンダーというものがあることを理解するだけのアタマはなかったのだ。それでも小学生になると、性別とのバトルは、どんどん進展していった。

＊ お遊戯会とジェンダー
オオカミやライオンの半分はメスだ。女性の猟師もいる。ロボットは、そもそも「機械」である。

作文がイヤだ

机の上に広げられた原稿用紙を見て、小学校一年生の私はかたまっていた。

「困ったなー。何を書けばいいんだろうなあ」

動物園に遠足にいった翌週のことだった。

先生のいる教卓には、まっさらな原稿用紙が置いてある。一枚目を書き終えた同級生たちは、さっさと二枚目を取りに席を立つのに、自分は書いては消し、

書いては消し、だ。

なんとも焦《あせ》る。どうしよう。

「男子は『ぼく』、女子は『わたし』と書きましょう」

先生はそう言っていた。私は「女子」にカウント済み。しかし、自分はどうしても「わたし」とは書きたくなかった。

大人になった今でこそ「私」は、男女問わず使える一人称だけれど、小学生にとっての「わたし」は「女の記号」でしかない。

そんな一人称で文章を書くだなんて、屈辱的に思えた。原稿用紙を前にして、鉛筆の尻をガリガリ噛みながら、国語の時間をやりすごす。

「おれは絶対に、わたしじゃねーよ」

頭のなかは、そんなセリフでいっぱいなのに、かといって、「ぼく」と書いたら怒られる。ガリガリ、ガリガリ。

もともと日本語の一人称は、ずいぶんとバリエーションがある。ぼく、わたし、おれ、あたし、自分、うち、おいら、あちき、わがはい、わし、ぼくちん。あとは、自分の名前で呼ぶ方法もある。英語だったら「I」で終了なのに、なんだか、とってもややこしい。

一人称がやっかいなのは、書き言葉だけでなく、話し言葉でも同じことで、友だちの家で自分のことを「おれ」と呼ぶと、「女の子なんだから、わたしでしょ」などと向こうのお母さんに指摘されたりした。

おれがおれをどう呼ぼうと、おれの勝手である。それでも、相手の顔色によっては、おれを封印しなくてはいけなかった。

小学校への持ち物はすべて「赤」だった。

ランドセル、赤。

防災ずきん、赤。

絵具かばん、赤。

習字かばん、赤。

次から次へと、全部、赤。

与えられるものにNOと言っていいだとか、そもそも自分が色を選んでいいとかの発想はない。日本人の主食がご飯です、みたいに、与えられた当たり前がすべてだった。

それでも、習字かばんが墨汁の汚れで黒くなったときは、「なんか、いいぞ」と思ったし、避難訓練のあるときは、防災ずきんを頭にかぶらずに逃げた。それこそ自分が「赤ずきん」になってしまいそうだったから。

地震・雷・火事、あるいはスカート

当時はまだ、自分が「女子」としてカウントされているのは一時的なことで、「いずれ変わりうることだ」という気がしていた。たとえば一年一組の友だちが、二年になったら別の組になるかもしれないように、自分も男子としてカウントされる日がくるかもしれないと思っていた（実際には、そんなことはなかったのだけれど……）。

好きだったのは、ドッジボールと恐竜。小学校時代の昼休みは、ほとんどドッジボールにささげられた。こちらは、クラスでもっとも運動神経がいい男子の投げたボールを顔面キャッチして鼻血を出したところ、周囲から一目おかれるようになった。

恐竜の絵は学年で二番目にうまかった。宝物は、両親と行った科学博物館でもらった「ティラノサウルス*の化石が埋まっていた場所の砂」。それは一見、どう見ても「ただの砂」だったが、そんなことは関係なかった。

ドッジボールができて絵がうまければ、友だちには困らない。男子集団のなかで遊ぶことが多くて、よく「コウイッテン」だと言われていた。

＊ティラノサウルス　白亜紀に生きていた凶悪な爬虫類。

ここまでなら、まあ、「よくいるボーイッシュな女の子」だったと思うが、ぶっとんで嫌いだったのは、スカートだ。

これは好き嫌いの次元を超えて、脅威、あるいは天敵、または大災害といった表現のほうが妥当だった。当時、私はバイオリンをならっていて、今思えばそれなりにうまかったのだが、発表会ではまず「参加者リスト」を確認しなくてはいけなかった。

当日はワンピースを着なければいけないのだが、そんな姿を友だちに見られたら死んでしまう。参加者リストに、自分の知っている名前が載っていないことを確認して、ようやく生きた心地がした。

しかし、ここで油断してはいけない。当日の行動経路も注意しないとダメだ。なぜなら、車で移動するぶんにはセーフだが、電車だと駅までの移動中に友だちに見つかるかもしれない。

さらには昼ご飯をどこで食べるかによっても、友だちにバレてしまう可能性がある。もう、とにかくこんな姿を人に見られてはいけないのだ。高学年の人たちがシャツにズボンで演奏できるのが、うらやましくてたまらなかった。

コトは発表会だけでは済まず、学校にスカートをはいていくよう強いられるときもあった。買ってきたスカートを「タンスのこやし」にしていると、年に何度かは、母親に「お願いだから、もったいないからはいて」と嘆願されてしまうのだ。

もったいないなら買わなければいいじゃないかと思うのだが、その理屈は通らなかった。仕方なく、しぶしぶスカートで登校すると、そんな日は校庭でドッジボールができない。仲間たちに、自分がスカートをはいているのがバレるから、できるだけ友だちと接触してはいけないし、自分の席から立ち上がってもいけなかった。

必然的に、昼休みもずっと自席で座っているか、あるいは人目のない図書館へとこっそり逃げるしかない。

それでも、授業中に先生が、「ドリルの答えを、黒板に出て書いていきましょうね、はい」なんて当てようものなら地獄だ。スカート姿でみんなの前に立たなくてはいけないから、これは本当にロシアンルーレットのようなものだった。

やがて学年が上がるにつれ、だんだん作戦を練るようにもなった。以下が、トランス小学生だった当時、私の考えた必殺ワザである。

【基本一】 ランドセルにズボンを入れて、玄関を出たらすぐに着替える

【応用二】スカートの上からズボンをはく
【番外三】ファッションセンスを強調する

意外と通用したのは「番外三」である。私はサッカーの朝練チームに所属していたので、よくサッカーシューズをはいて登校していたのだが、それが「コーディネート上」スカートとはまったく似合わないということを強調すると、母もあきらめてくれるのだった。

というか、明らかにファッションに関心のないわが子が、そんなことを言ってくるのだから、よほどのことだと思ったのかもしれない。

男子と女子に分けられて

日本でトランスジェンダーや性同一性障害についての認知度が向上したのは、二〇〇〇年代の前半だといわれている。埼玉医科大学が初めて公的な「性別適合手術*」を行ったのが一九九八年。それまでは酔狂や個人の趣味などと思われがちだった「性別を変える」という行為が、どうやら「性同一性障害」という障害に伴う深刻な悩みによるものであるらしいと、社会の認識が少しずつ変わ

＊ 性別適合手術
外性器や内性器に関する違和感を解消する手術。以前は性転換手術と呼ばれたが、厳密な意味で生物学性を転換させることは医学的にできないので、このように表される。

るようになった（まあ、病気だから理解をしようというコンセプトには異論もあるが）。

その後、二〇〇一年には人気ドラマ「3年B組金八先生」＊で、上戸彩演じる性同一性障害の主人公が話題になり、これが日本のお茶の間で「性同一性障害」「トランスジェンダー」の知名度をあげるのに貢献した。

私個人のライフヒストリーに当てはめると、小学五年生のときに、国内で初めて公的な「性別適合手術」が行われ、中学三年生のときに「金八効果」により性同一性障害の認知度が急上昇ということになる。

そんなわけで、少なくとも私が中学三年生ぐらいまでは、トランスジェンダーないし性同一性障害に関する情報は、一般にはまだまだ普及していなかった。

小学生だった私が「多様な性」についてもっていた情報は、小学三年生のときに隣の席だった安藤くんが教えてくれた、「性別には三つある」という説である。

「ねぇ、まめた、知ってた？　性別って三つあるんだよ」

まめたというのは、名字が「遠藤」であることに起因した私のニックネームである。安藤くんは歯の抜けた顔でニコニコと笑い、

「男と女と『おとこおんな』の三種類があってね！　おれは、まめたは『お

＊　3年B組金八先生
武田鉄矢が熱血教師を演じた青春学園テレビドラマ。

とこおんな』じゃないかって、思うの」

と続けた。

その瞬間、私は「これぞ、まさに言い得て妙」なフレーズだと感動した。

安藤くんは相変わらず無邪気にニコニコしていて、私は友人を「すげーな」と思った。彼には悪気はまったくなかった。

しかし、仲間うちで「おとこおんな」を愛しんでいたのも、つかの間だった。

やがて、このことは先生の耳に入り、先生は怒ったのだった。

「『おとこおんな』なんて失礼なことを言ってはいけません。遠藤さんは、ちゃんとした女の子なんですから！」

最悪な気分だった。悪気がなくて使っていたのに、だったら安藤くんたちと見つけた「あの真理」は何だったのだろうと思った。「ちゃんとした女の子」と言われることのほうが、よっぽど失礼だったし、どうして「おとこおんな」じゃいけないんだろうと悔しかった。

その頃はまだ「おとこおんな」でも、まわりの友だちとうまくやっていけたのだ。

でも、三年生から四年、五年と学年が上がっていくと、「おとこおんな」をとりまく状況も変わっていった。

「これから林間学校の部屋を決めます」

五年生のとき、ざわつく教室のなかで担任の先生が冗談めかして、

「男子と女子で分けますが、それがイヤな人はいますか？」

と尋ねたとき、異論があると手をあげたのは、おすぎと私の二人だった。

おすぎは、クラスでいつもエロいことばかりを言っている男子だった。

必然的に、私もなんだかエロそうではないか！

ただたんに「分けないほうが居心地がいい」と思って手をあげただけなのに、思わぬ展開にちょっと困った。

林間学校の当日になると、私の部屋には普段仲良くしている男子がやってきて、先生の目玉を食らい、自分の部屋へと戻っていった。「どんな男子が好き」という話をひとりずつ強制的にしなくてはいけない女子の部屋は、私には退屈だったし、みんなと一緒に入る大浴場も「絶対ムリ」だった。結局、入浴時間になると「土産物売り場」で徳川家グッズ*をながめて、入らずに済ませた。

ところが、宿泊行事だけではなかった。

「これから運動会の二人三脚のチームを決めます。好きな人と組んでいいですよ」

＊ 徳川家グッズ
なりゆきで葵《あおい》の紋《もん》が入った印籠ケースを買ったが、使用場面には恵まれなかった。

六年生になり担任の先生がこう言ったとき、おすぎと私は席が近かったので、特に深く考えることなくペアを組んだ。運動会当日、二人でゴールを決めると、「あいつらはカップルだ」というウワサが学年中に広まっていた。

やっぱり私がエロそうではないか！

さらに、いろんな男子と二人きりで登下校し、二人きりで駄菓子屋にたむろし、二人きりでＵＦＯを探していた私は、やがて女子グループからにらまれるようになってしまった。

「あの子は、男好き」

クラスのなかでは、そう呼ばれていた。実のところ、中学生になった私が恋をしたのは女の子だったのだけれど……。

中学からは女子校へ

気になる恋の話は後ほどするとして、ここからは、私が進んでしまった女子校の話である。

「ひょっとしたら、自分は将来アレをはくハメになるのではないか……」

小学校低学年の頃から、うすうすと中学校の「制服」の存在に気がついていた私は、天敵であるスカートをなんとか回避するために、私服の中学を目指していた。

しかし、結局受かったのは、横浜にある中高一貫の女子校。しかも「セーラー服」という大きなオマケがついていた。

初めて教室の扉をあけたとき、ずらりと四〇人ばかり座っているのがみんな女子だったのには、やっぱりインパクトがあった。

正直なところ、「ひとりぐらい男子がいるんじゃないか」と想像していたのだが、もちろん、そんなことはなかった。

夏服で登校することになった初日は、スカートの上に、空からハトの糞《ふん》が落ちてきた。教室で体操服に着替えているとき、ふとひらめいた。

「おれ、体操服で授業を受ければいいんじゃない?」

なんてウンがついているんだろう!

しかし、教室に入ってきた担任に、保健室で新しいスカートを借りるよう指示されて、期待はすぐにしぼんでしまった。

ところで女子校における女子というのは、きわめて興味深い生態のイキモノである。

「女子校ルール研究会」が二〇一三年に発行した『女子校ルール』（中京出版）によれば、女子校の生徒たちは共学校の女子と比較して、
☆笑うときは力いっぱい手をたたく
☆座るときは大股開きが当たり前。夏はスカートでパタパタあおぐ
☆下ネタ大好き
☆登下校中に騒いで近所の人に通報される
☆体育祭は祭りではなく闘い
などの特徴を有することが指摘されている。

共学の女子が「異性の目」を気にするのに対し、女子校の女子は天真爛漫《てんしんらんまん》である。共学の女子が男子の対義語であるとすれば、女子校の女子は「ただの人」なのだ。

高校入学頃になると「女子集団」がしんどくなってくるのだが、少なくとも中学生ぐらいまでは、「女子校ルール」のおかげで、自分がいろいろと「浮かずに済んで」ラクだった部分もけっこうあったのではないかと思われる。

私が浮かなかったのは、みんなが浮いていたからである。

一緒に登校していた体操部のまっちゃんは、つり革につかまりながら「握力グリップ」を静かに握りしめていた。いつもメゾ・パートの讃美歌を口ずさみ

ながら歩いているみどりんには、誰かが優しくソプラノとアルトパートを合わせていた。

奇人、変人、どんとこい。

「あなた方には、聖書があるんですから、細かいことまで決めたりはしません」

ミッションスクール*だったので先生はそう言っていたが、この学校には異教徒もいて、「教祖」と呼ばれる同級生がボーイズ・ラブ**を毎朝布教していた。なぜ女の子たちは、男の子同士の恋愛モノにハマるのかよくわからないのだが、教祖は毎朝みんなの机の上におすすめの漫画をひそやかに置いていき、これは風土病のごとく広まった。

隣の席には、ごっちゃんがいた。

ごっちゃんは『キン肉マン』の連載をチェックするために、いつも学校近くのコンビニで青年誌『週刊プレイボーイ』を立ち読みしていた。

いちおう世間では「お嬢さま学校」ということになっているわが中高の生徒が、グラビア雑誌をいつも立ち読みしているというウワサは先生の耳にも入り、ある日、ごっちゃんはとうとう生徒指導の先生にセブン・イレブンで取り押さえられてしまった。

* ミッションスクール
イエス・キリストの教えと愛で運営される学校。

** ボーイズ・ラブ
男の子同士の恋愛を描いた創作物のこと。なぜか、女子に人気。

「いいですか。あなたは制服を着て、いわば『学校の看板』を背負っているのですよ。立ち読みをしている自分がどう見られているのかを、胸に手を当てて、よくお考えなさい」

胸に手を当てたごっちゃんは、『週プレ』をセブン・イレブンのレジに持っていき、立ち読みをやめてクラスの席で堂々とながめるようになった。

そんなわけで、女子校は「思っていたよりも相当に業《ごう》の深い場所」だったので、実は私のなかでは、けっこう楽しい思い出もたくさんある。

思春期がやってきた！

女子に生まれた人間が、女子として成長し、大人になって生きていく。

それは客観的に見れば「当たり前すぎること」なのかもしれないが、自分にとっては、そうではなかった。

中学一年生の夏、胸が出てきた。まったく想定していないことだった。

「これは、いつかは、ひっこむものなのか!?」

そうじゃないと困ると思いながら、クローゼットのなかのTシャツをすべて引っぱりだし、一枚一枚を必死に伸ばして、からだの線が出ないようにと加工してまわった。

汗がだらだらと流れていく。自分が一生、女として生きていくなんてことは、とにかく考えられない。まるで「世界の終わり」のような気がした。

時は、一九九九年七月。三〇代以上の読者ならおそらくご存じだと思うが、当時は「ノストラダムスの予言*」というのが流行していた。


〈一九九九年七月に「悪の大魔王」が降りてきて世界は滅亡する〉


このフレーズが、社会現象のようにテレビや雑誌をにぎわせていた。環境問題、彗星、あるいは核戦争か。「悪の大魔王」の正体はさまざまにささやかれていたが、結局何も起きないまま、一九九九年七月は過ぎていった。私の乳腺組織を除いては。

ノストラダムスは、極東アジアの、あるトランスジェンダーの乳腺組織の変化については言い当てたのかもしれない。

これまでにも保健の授業では、思春期の変化について習っていた。

「思春期になると、体の変化が訪れます。女子は丸みを帯びたふっくらとした体つきになり、男子はヒゲが生え、がっちりとした体型になります」

自分が女子の変化に当てはまるなんて、考えたことがなかったが、それはや

＊　ノストラダムス
中世ヨーロッパの占星術師で、予言したことがポンポン当たると恐れられた。

ってきた。

「ふっくらとした体つき」なんて「悪の大魔王」としか思えなかった。

夜になると、行きたい方面とは逆に爆走していく急行列車にまちがって乗ってしまい、そこから降りられないという夢を見た。泣いても笑っても、思春期の身体は変化していく。それでも、変化していく体のラインが、どうにも気に入らない。しまいには、ハミガキをすると胸がゆれてキモチ悪いとか、どうやったら体の線が目立たずに消しゴムを拾えるんだろうとか、そんなことばかり考えるようになった。

中学三年生になった頃、学校の廊下を歩いているときに、ふと「このままいったら、自分には『女の人生』しか残っていないんじゃないか」と気がついた瞬間があった。

すると、目の前がぽかんと真っ暗になった。「それじゃ、生きていけない」と、愕然としてしまったのだ。

おれは、なんで男なのに、男じゃないんだろう。心の奥底で、何度も何度も、自分がそう叫んでいることに、中学三年生の自分はうすうす気がついてしまった。

しかし、それは意味不明な問いかけだった。

だって、おれのどこを切り取ったら、男だというんだろう。一ミリも、体が男じゃないくせに。女子校に通っていて、女子の制服を着て、毎日登校しているというのに……。

なんだか、のぞいてはいけないモノを垣間見てしまったような気がした。それは、宇宙のどこかにあるブラックホールみたいに、自分が飲み込まれてしまうモノのように思われた。

ついでに初恋もやってきた！

中学三年生の頃、性別のブラックホールに戸惑っていた私は、同時に恋に悩めるお年頃でもあった。

私の目の前には、「一袋二本入りのアイス」である「パピコ」*が差し出されていた。

その先には、紺色のセーターが見えて、さらに先には好きな人がいたのだけれど、私は目前の「パピコ」を受け取っていいのか、困惑していたのである。

コトは、女子校にデビューしてすぐの頃に始まった。

やまね先輩は、この中学に入ってから五〇日目ぐらいに出会った先輩で、コ

＊ パピコ
江崎グリコによるチューブ入りアイス。分けあって食べると、仲良しムードが通常の五割増になる。

カ・コーラと美術と図書室が好きだった。

骨が溶けるからと、小学生の頃には飲まないように親に言われていたコカ・コーラの美味しさを教えてくれたのは、先輩だった。

「これ、あげるよ」

ピーチ味のガムもくれた。そのガムは味がなくなった後も、ずっと噛んでいた。

いちど、図書室で借りた本に、まちがえてペットボトルをぶちまけたことがあった。

やまね先輩は大笑いし、その後、私が必死に乾かしてヨレヨレになった本を見て、もういちど大笑いした。思春期は「悪の大魔王」だけでなく、キューピットも連れてきてくれたのだ。

「遠藤さんはさぁ、男の子だよねえ」

一年生の冬、ストレッチをしながら、先輩はこう言った。運動部のクラスメイトが着替えようとしている様子から、私が目をそむけていたからだ。言われて悪い気はしなかったけれど、どう応じていいかもわからなかった。そうですね、とでも言えばよかったんだろうか。

中学二年生になると、用事もないのに、夜に電話がかかってきた。

中学三年生になる頃には、休み時間に「パピコ」という一袋に二本入っているアイスを買って、教室に遊びにきてくれるようになった。これが、先に述べた場面である。中学三年生にとっては、生きるべきか死ぬべきか、パピコかパピコでないか、息もできないほどの究極の選択である。

いくら『女子校ルール』のごとく、みんなに「憧れの先輩」がいたとしても、恋人同士としてつきあっている人間はいない。それはなんとなくマズイことのように思えた。

目の前の「パピコ」。

一袋二本入りのアイスなんて、エロすぎるのではないか?

「パピコ」を分けるだなんて、まるで恋人同士なのではないか?

「パピコ」の先に、この恋の行方はどこにあるのだろうか?

私は、その江崎グリコ商品をにらみつけて、うめいた。

「……先輩、パピコ、いらないっす」

大人になった今、タイムマシーンがあれば、「四の五の言わず、そのパピコを受け取って食べなさい」と、過去の自分のほっぺたをビンタしてやりたい。

男だろうが女だろうが、パピコを好きな人と一緒に食べることに青春の価値があるのだ。

しかし、私はパピコを断り、先輩はしょんぼりと教室に戻ってしまった。夏は終わり、パピコの季節は過ぎ、そのうちキューピット*も、どこかに逃げていった。

カルト集団少女

思春期が訪れたのは、もちろん私だけではなかった。エスカレーター式に進学した高校の、初めての夏休み明けのこと。

クラスでもっとも「イモっぽい」と評判だった友人が、いきなり「二重まぶた」になって登校してきた。

「目、どうしたん!?」

異変に動揺して尋ねると、笑い方までふんわりと変わってしまった彼女は、「アイプチ」とひとことつぶやき、続けて「うちらも、そろそろ女の子らしくならなきゃね。これが、うちらの今年の目標ね」と、肩をポンとたたいてきた。「うちら」のなかに自分が含まれていることに気がついた私は、思わずのけぞった。

彼女がおしゃれになった理由が「夏休みの間に彼氏ができたせい」と聞かさ

＊ トランスジェンダーと恋愛
トランスジェンダーは生物学的な性と性自認が一致しない人びとのことであり、性的指向は人によって異なる（一六ページ参照）。だから、私はたまたま女性を好きになったけれど、同じようなトランスジェンダーでバイセクシュアルだったり、男性を好きになったりということも、よくある。

れたときには、なんだか友人が新しいカルトにハマってしまったような気がした。

「彼氏なんて、くそくらえ！」

イモだった頃のあいつを返してほしいと、アイプチを憎んだ。変わってしまった友人のことが面白くなくて、私はまわりの人びとにボヤくしかなかった。

前述のように、女子校とは異性の目を気にしないという点において、奇人や変人がのびのびと暮らせる場所である。それでもやっぱり構成メンバーが女子である以上は、中学から高校に上がるにつれて、みんなも「女子っぽい」方向へとゆるやかに変化していった。

ふと、まわりを見渡せば、女子校なのに、「彼氏にもらった男子校のカバン」で登校してくるクラスメイトがいた。

またひとり、アイプチの軍門に下ってしまう仲間がいた。

いつも校庭でドロドロになって遊んでいるあいつが、ルーズソックスをはいていた。

男子校の学園祭に遊びにいったら、友だちがナンパされて、人ごみのなかに消えてしまった。

「くそー。どいつもこいつも、カルトにハマりやがって……」

このような状況が面白くなくてボヤき続けている私には、気がつけば「お父さん」というあだ名がついていた。娘たちの彼氏に厳しい、ガンコ親父の意である。

女子化していく周囲と自分の間にあるギャップは、日を追うごとに、どんどん大きくなっていった。「お父さん」である私のユーウツも、一日ごとに増していった。うーん、なんとも、つらい。


「ねえねえ、スズキの奥さんの写真、見た？」

「見てない。すごい美人なんだっけ？」

「そうそう。スズキ、絶対、尻に敷かれるタイプだと思うわ」

昼休み、新しく入ってきた男性教師・スズキの話題で盛り上がる友人らを尻目に、とうとう私は防衛手段に出ることにした。

机の上に『江戸川乱歩全集』*をデンと広げて、イヤホンで耳をふさぐ。「分厚い全集×イヤホン」の組み合わせは、外界から自己の平穏を守るための、いわば最終防衛線だった。

こうして私は、ページをめくる。

＊　江戸川乱歩
一八九四年生まれの作家。大正から昭和にかけて推理小説やSM、エログロナンセンス、少年愛、異性装、人形愛などのテーマを扱った。傷痍《しょうい》軍人を描いた『芋虫』が悲惨すぎて、戦時中に全作品が発禁処分に。

「椅子の中の恋（！）それがまぁ、どんなに不可思議な、陶酔的な魅力を持つか、実際に椅子の中へ入って見た人でなくては、分かるものではありません。それは、ただ、触角と、聴覚と、そして僅かの嗅覚のみの恋でございます。暗闇の世界の恋でございます。決してこの世のものではありません。」

（江戸川乱歩『人間椅子』）

「天井からの隙見というものが、どれ程異様な興味のあるものだかは、実際やってみた人でなければ、恐らく想像も出来ますまい。仮令、その下に別段事件が起っていなくても、誰も見ているものがないと信じて、その本性をさらけだした人間というものを観察するだけで、十分面白いのです。」

（江戸川乱歩『屋根裏の散歩者』）

次から次へと出てくる、異常者たち。まったく乱歩は、いつもこんなことばかり考えていたんだろうか。休み時間の終わるチャイムが鳴ると、私はようやくイヤホンを外す。同級生たちは、まだスズキの話で盛り上がっていた。

「スズキ、この前の掃除のとき、ほんと変なTシャツ着てたよね」

「見た見た！　マジうけるよね～」

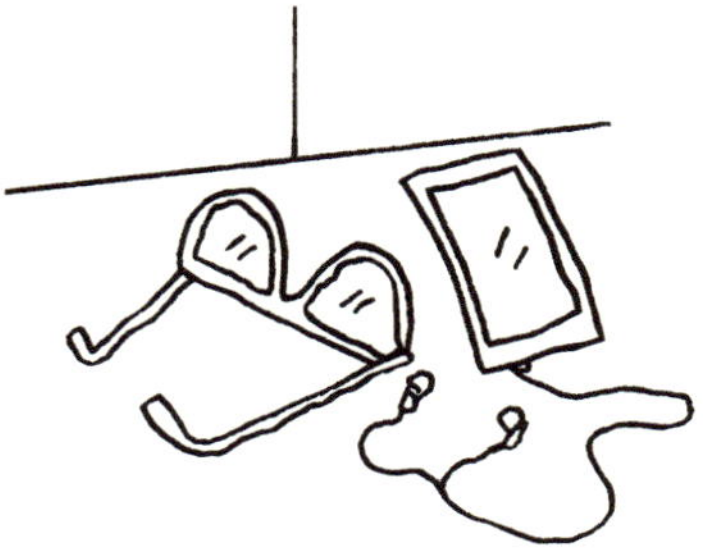

また、スズキか。

なんだか胃のあたりがチリチリと焼けついた。

思わず、ゆっくりため息をついてしまう。

（ああ、みんな、なんてグロテスクなんだろう……）

おまえが読んでいる『江戸川乱歩全集』のほうが、よっぽどグロいぞ、なんていうツッコミは、ここでは受けつけない。

トランスジェンダーという言葉との出会い

言葉にならない青春の苛立ちは、校外でもおさまらなかった。

たとえば、同じ電車に居合わせる「男に生まれた」という理由だけで白いシャツを着てズボンをはいて、ごく普通に男子をやれている中高生を見ると、コンプレックスのあまり、めちゃくちゃ腹が立ってきた。

自分が腹筋を一〇〇回やっても、彼らの筋力には追いつけないなんて、ズルくないか。自分がどれだけ礼拝堂でイエス様とやらに祈ったとしても、彼らのように声が低くならないなんて、世界はどれだけ理不尽なのか。

なぜか、比較対象はいつも男子だった。彼らも、自分みたいに女体に閉じ込められて、セーラー服を着せられることがあれば、人生はフェアなのに。

制服についても、校則だから仕方ないことは頭では理解しているが、それでも自分のスカート姿を見るたびに、「どうしておれは、こんな人生を送ることになったんだっけ」というきわめて本質的な問いが、心の奥底からこみあげてきて止まらなかった。

でも、この時点で、私はひとつ、ものすごく大きな「勘違い」をしていた。

自分にとってそうであるように、ほかのクラスメイトにとっても「女の子であること」は、とても大変なことなのだと思い込んでいたのだ。

「みんな、好きでアイプチとかやっているのかなぁ」

ある放課後、帰宅途中の横浜線で、私はミーにこうボヤいた。

ミーは、女子校にもかかわらず「男の硬派なロックがやりたい」という私の要望に共感して、一緒にコピーバンドを組んでくれた仲間だった。

「はあ?」

ミーは、あきれたような声を出した。

「じゃあ、あんた。みんな、イヤイヤやってると思ってんの?」

「いや、その……」

真正面からツッコまれると、思わずタジタジとなった。

それまでの自分の仮説によれば、彼女たちがアイプチをやっているのはカルトのせいか、あるいは「女の子になるため」の涙ぐましい努力によるものであった。女の子というのはみんな、努力の結果、女の子をやっているのにちがいないと私は思っていたのだ。しかし、どうやら、それはちがっているようだった。*


「うーん。じゃあ、さ」

「なによ」

「……みんなは、自分のことを本気で女の子だと思っているのかな」

電車がカーブに差しかかって、大きく揺れた。

「あんたは、自分のことを男の子だと思うの？」

ミーは直球で尋ねてきた。私は答えられなかった。


自宅に帰ると、私はウインドウズ98を立ち上げた。

「やっぱり、あのブラックホールについて調べてみよう」

時は、二〇〇〇年代前半。ようやく、わが家にもインターネットが開通したのだ。

たどりついたのは、「性同一性障害」の当事者が集まるホームページだった。

＊ 勘違い
ドキュメンタリー映画『ハーフ』には、高校時代に自身が在日コリアンであることを知った女性が出てくるが、彼女はそれまで「どこの家でもキムチを毎日食べ、コリアンの知人が多くいるもの」と勘違いしていたらしい。

〈いわゆる心と体の性別は一致しないことがあって、そのような人間をトランスジェンダーとか、医学的には性同一性障害と呼ぶ〉

——そこに書かれているのは、すべて自分のことだった。

「当事者」と呼ばれる人たちの日記は、まるで自分の脳みそがネット上に流出しているみたいだった。

「胸が目立つのがイヤで、猫背になっちゃうんだよね」

「肩かけカバンが胸に食い込むのを見ると、もう外に出たくなくなる」

「制服のスカートがイヤで、ジャージ登校できないか学校にかけあおうとしている」

そんな書き込みを、むさぼるように読みながら、信じられなかった。

自分がトランスジェンダーでなければ、もはや世界中の誰もトランスジェンダーではないのではないか、と思うほど、彼らの書いていることは、まるで自分だったのだ。

私は、クラスの連中のアイプチで二重になった顔を思い浮かべながら、しみじみつぶやいた。

「あいつら、誰も、無理してなかったんだ」

……いまさら、気つくのが遅いっての。

この日以降、私は毎日のように、これらのサイトをのぞくようになった。

それまで性別とは、私にとっては苦痛であり、義務のことだった。

しかし性別とは、自分で選び直すことだってできるのだ。

トランスジェンダーという言葉を知って、私は心の底からホッとした。これで生きていけると思った。

このままセーラー服と『江戸川乱歩全集』とイヤホンに呪われた青春の日々を過ごすなんて、もうたくさんだ。だったら、トランスジェンダーとして「自分らしい人生」とやらを見つけてやろうじゃないか。

自分の人生を変えるしかない。

この日から私は、夜な夜なノートを広げて、自分の人生救済計画を立てることにした。

「マル秘ノート」の始まりだ。

「マル秘ノート」の長い夜

「女がイヤなら、女をやめたらいいじゃない」

かのマリー・アントワネット*も思いつかなかっただろうフレーズをつぶやきながら、夜な夜な「マル秘ノート」に、自分の人生救済計画を綴るようになった。

最初に興味をもったのは、身体的な「治療」だ。

「ホルモン療法とか、胸とるのとか、やりたいよなぁ」

例のホームページによれば、二次性徴によってふくらんでしまった胸は、外科的に平らにすることができるとのことだった。

ホルモン療法、すなわち二～三週間に一回のテストステロンの注射をすれば、声も低くなり、筋肉がつき、生理も止まり、おまけにヒゲまで生えてくるらしい。自分が嫌悪している身体を、ここまでドラマティックに変えてくれる「治療」が存在することに、私はひたすら感動した。

世間からは「ホルモン療法や手術なんて、フツーではない」なんて思われそうだが、私にとっては、自分が女子の枠に閉じ込められていることのほうが、まったくもってフツーではなかったのだ。

とはいえ、手術やホルモン療法には、いずれも副作用やリスク**が伴う。途中でやめても元に戻るとはかぎらないから、きちんと判断能力がある人間が、医師の助言のもとに行わなくてはいけない。

* マリー・アントワネット　フランス革命時の国王ルイ一六世の妻。パンがなければお菓子を食べればいいと言い、全庶民を敵にまわしたとの伝承がある。

** 副作用やリスク　男性ホルモンは副作用として多血症や血栓塞栓症《けっせんそくせんしょう》などが起きることがある。手術には麻酔事故や患部壊死《えし》のリスクがある。

国内では、トランスジェンダーの身体改造については「性同一性障害に関する診断と治療のガイドライン」というのが定められていて、身体を変えるためには、まず二名の精神科医から性同一性障害の診断を受ける必要があるらしい。

深夜にひとり、私はうなった。

「まずは、診断書を出してくれる病院を見つけなきゃなあ。でも、そんな専門病院、いったいどこにあるんだろう」

やることが膨大に思われたので、とりあえずノートに書いて整理することにした。

やること① まず病院を探すべし

性同一性障害について詳しい医者二名に、まずは診断を出してもらわなくてはならぬ。どこに病院があるのかは、インターネットで探せば見つかるだろうか。あ、でも、そもそも親に保険証を借りなくては病院には通えないから、親にカミングアウトしなくてはいけないのではないか。それって大丈夫なのか?

次に、治療をするなら、貯金が必要なのではないかと考えた。

やること②　六〇万円を貯金すべし

治療には保険がきかない。たとえば、胸をとる手術には最低でも六〇万円程度はかかる。*金額の大きさにビビるが、乳腺組織にいつまでも振りまわされるわけにはいかない。アルバイトをすれば、Tシャツ一枚でさわやかに過ごせる夏が、おれを待っている！

＊　治療の費用
乳房切除の手術や性別適合手術は、二〇一八年春から保険が適用されるようになったが、以前は自由診療だった。

ほかにも、考えなくてはいけないことはたくさんあった。

やること③　服装や髪型の研究をすべし

髪型とか興味ないんだけど、ネット情報によればウルフカットとソフトモヒカンというのが男に見えやすいらしいから、とりあえずそのどちらかにしよう。どういう髪型なのか、よく知らんけど。

やること④　男として生活できるか試すべし

治療のガイドラインでは、ホルモン療法や手術をする前に、希望する性別で一定期間生活をする「リアルライフテスト」がすすめられている。男として生活するって、女子校にいるうちは無理やがな。大学受験した後かなぁ。

やること⑤　高校卒業して大学受験に受かるべし

というわけで、英語と数学と物理がんばること。毎朝、単語帳で二〇個おぼえる。

ノートに書かれた「やることリスト」は、どんどんふくれあがっていった。

やること⑥　進路について吟味すべし

そもそも、性別を変えて正社員として働けるの？　ネットにトランスジェンダーの寿命は四五歳だとか、ホルモン療法すると早く死ぬとかあるけど、ほんと？*

作成途中のノートをながめると、どうにも心のなかに暗雲が立ちこめてきた。「こんなの、ひとりで考えられるような計画じゃねえだろ」としか思えなかったんである。

まるで、これからヒマラヤ登山の計画をしなくてはならず、そのためにひと

＊　ネットデマ
インターネット上の情報には、「トランスジェンダーはすぐ死ぬ説」や「同性カップルは長続きしない」など、ときどき若者を絶望させるようなデマが含まれている。きちんとした情報をネット以外に教えてくれる人が必要。

りですべてを準備しなくてはいけないような気持ちになった。

「『自分らしく生きる』ために、まるで悟りをひらきそうだよ……」

ベッドに倒れこむと、勉強机の上にある卓上ライトが、ジジッと鳴った。夜は静まりかえっていて、どうせ朝になれば、自分は女子学生のひとりとして、学校に通わなくてはいけないのだった。セーラー服と、イヤホンと、『江戸川乱歩全集』に呪われて……。

明日も学校に行けば、クラスメイトはスズキの話で盛り上がっているのだろう。

明日も朝がきたら、世界中が自分のことを女だと思っているんだろう。

明日も朝がきたら、おれはどうしようもないやつなんだろう。

ノートに書いていたのは、幸せに生きるための希望だったはずが、いつしか冷たい岩のように重たく感じられ、心は押しつぶされそうだった。

明日も朝がきたって、自分がトランスジェンダーであることを世界の誰も知らないのだ。

夜な夜な、こんなノートを出して、あれこれ調べて書き込んだって、おれは誰にもカミングアウトもしていない。というか、そもそもトランスジェンダーなんて言葉自体、インターネットで最近になって知ったのだ。

思い返せば、幼稚園の頃から、性別のことで悩んできたじゃないか。小学生のときには、おれはすでに「おとこおんな」だったじゃないか。おれは、どうしてここまで何も知らず、何も知らされず、何も教わることもなく、人生過ごしてきちまったんだろう。

女子高生、限界です

ぼんやり握っていた箸の先には、てんぷらの海老がいた。

「なんだよぉ、うまそうな弁当、食べてんじゃゃんよぉ」

昼休みに、なぎさが顔をのぞきこんできた。

「お、おう」

「天丼? つまらなそうな顔して、うまそうな弁当食べているんじゃねーよ」

なぎさは、ウルフカットの私よりも短く刈りあげた髪の毛で、ニヤリと笑った。いいよなぁ、こいつは。自分が好きな髪型を自由にできるんだもんなぁ。

「海老に申しわけないよな」

「え? なに?」

「なんでもない。それ見せて」

なぎさはバンドスコアを投げてよこした。彼女は、「男の硬派なロックしかやらない」という私たちが組んでいる学内コピーバンド「海賊盤」でボーカルをしている。

彼女は、ボン・ジョヴィ*やブランキー・ジェット・シティ**、ニルヴァーナ***といった「およそ女子がやらなさそうなバンドの曲」でも、ハスキーな声で歌いこなせた。

なぜ「海賊盤」が男のロックしかやらないことになったかというと、ギターを弾いていた私が、これまでいくつかの学内ガールズバンドに「助っ人」としてライブで呼ばれ、ラブソングばかりだったのに内心キレたという事情があってのことである。

「男のロックをやろうぜ！」ということで集まったこのバンドのメンバーは、誰かが考えごとをしながら演奏していると、「うわの空でニルヴァーナを弾くなんて許せない」などと文句を言うようなハードコアなところもあったので、無心に音楽に没頭するのにはよかった。

なにしろ、自分がトランスジェンダーだと気がついてからの高校生活は、以前よりもさらに苦痛なものになっていったのだ。

すりむいた傷口が血まみれなのを見ると、とたんに痛みが倍増してしまうよ

* ボン・ジョヴィ
一九八三年、アメリカで結成。暑苦しい男のロックバンド。

** ブランキー・ジェット・シティ
おおむね半裸。和製スリー・ピース・バンド。ボーカルの浅井健一（通称・ベンジー）は、椎名林檎『丸の内サディスティック』の歌詞にも登場。

*** ニルヴァーナ
一九九一年発売のアルバム『ネバーマインド』が世界的にバカ売れし、ボーカル兼ギタリストのカート・コバーンがさらにユーウツになってしまったという伝説的バンド。カートは銃をくわえて二七歳の若さで夭逝《ようせい》。

うなことはときどき人間には起こるが、それと似て、トランスジェンダーという言葉を手に入れた私は、以前よりもさらに性別に関するすべてを苦痛に思うようになっていた。

スカート姿の自分を見ると、目にレーザー光線が当てられたみたいに痛かった。

大学受験の模試の性別欄「男・女」にマルをするのも、耐えがたかった。

体育の授業の後、制汗剤まみれの教室に入って、みんなと一緒に着替えることもできなくなってしまった。

朝、目が覚めると、このままずっと女なら生きていく意味もないと思えた。

そんなすべてのことを忘れるべくアンプにエレキギターをつないで、音量を完璧に調整した。英単語をおぼえた。『江戸川乱歩全集』をひらいた。

人生で最大の悲劇とは、それが悲劇とさえ周囲に見なされないようなものだ。

もしも私が街で殴られていたら、きっと誰かが「なんてひどいことを」と言い、助けてくれたことだろう。ところが、私が毎日セーラー服を着ていることは、まわりの人びとにとってはたんなる「日常風景」だった。自分にとっては、殴られるのと変わらないのに。まわりにとっては当たり前すぎることで苦痛を感じているのだから、これほど苦しいことはない。

制服だけじゃない。すべてが同じだ。胃の奥がチリチリとして、頭のてっぺんがハゲるようにもなっていた。

「もうさ、これムリ。限界だわ」

ある晩、試験勉強をしているときに、私は決めた。

「制服、なんとかしてもらおう」

先生はＬＧＢＴを知らない

「先生、もうスカート、イヤなんですよ。すごくつらくて、どうしようもなくて、毎朝ほんと地獄なんですよ。せめて体操服で過ごせるように許可してくれませんか。あと、けっこうこの学校に通っていて、今、自分しんどいっすよ」

シミュレーションのなかで、私は先生に訴えかけていた。

それは放課後で、教員室の前の廊下でのやりとりになる予定だった。

「そっか。きみは頑張ってきたな」

先生は、きっと、こう返してくれる。

「今まで大変だったと思うけれど、一緒に考えていこう」

「せ、先生、ありがとうございます……！」

……よし、こんな感じでいこう！

私は、頭のなかで何度か繰り返してきたシミュレーションをもとに、教員室の前に立っていた。

自分を助けられるのは、自分しかいない。おれがやらなくて、誰も代わりにはやってくれないのだ。

「いざ、出陣だ」

自分の心臓がバクバクと音を立てているのが聞こえた。足元を見ると、相変わらず自分のスカートが目に入る。どうにもこうにも不快だった。

高校二年生の夏で、人の少ない放課後をねらった。

選んだ先生は保健や体育を教えていたので、トランスジェンダーや性同一性障害については、それなりに専門のはずだと予想していた。

女子校において、自分が男であると主張するのは、そもそもかなり大変そうだ。

制服を変えるといっても、共学なら男子制服のズボンがあるかもしれないが、女子校の場合には厳しい。ブレザー制服ならまだしも、セーラー服の下にズボンというのは、海軍制服ないし「もんぺ」のようだから、二一世紀の高校制服としては難しいだろう。

となれば、せめて体操服着用あたりが妥当な要望ラインだろうか。個人的には、もはやスカートから逃れられれば、なんだっていいのだけれど……。

意を決して、教員室のドアを開けた。バンド練習のために肩にかけていたギターケースが、ぐいっとセーラー服の襟に食い込んだ。

「あの、先生。実は……」

しかし、現実は思っていたより、だいぶ厳しかった。

「うーん、性同一性障害ねえ」

「はい」

登場した先生は、なんともいえない微笑を浮かべた。

「今は思春期だから、誰だって考えたり悩んだりする時期はあると思うんだよ。漫画やテレビの影響とかもあるし、勘違いじゃないかな」

「え？」

「あなたみたいな感じの子、みんな卒業すると、それなりにメイクして、女の子っぽい感じになって、結婚して子どもを産んでいる人たちもたくさんいるよ」

いったい、この人は何を言いたいのだろう。

「でも、それは……」

「まあ、制服もさ、なかなか難しいよねぇ。うちは伝統もあるし」

「ははは、やっぱりそうですよね」

こうして、勇気を振りしぼってのカミングアウトは、あっけなく終了した。

帰り道に、イヤホンを耳に突っ込むと、ニルヴァーナのカート・コバーンの歌声が飛び込んできた。

Hello, Hello, Hello, How low?
Hello, Hello, Hello, How low?
聞いてる？　聞いてるでしょ？　ねえ、どんだけひどい？
聞いてる？　聞いてるでしょ？　ねえ、どんだけひどい？

私は答えた。

「いやあ、さ。どん底だよ、カート」

「知ってるよ。でも、クールになるぐらいなら、死んだほうがマシだろ」

ロックの神様は、こう答えてくれた。

「とりあえず、やりたいようにやるんだな」

こうして私は、世の中を変えることにした。ひとりのトランスジェンダーとして、とにかく生きづらくて仕方がない、この社会を。

傍にいてくれた友人たち

以上が、私が「社会を変える」などという無謀なことを考えるようになったきっかけだ。

この時点で、特に具体的な計画や、効果的な作戦があったわけではない。その後、カネも権力もないショボい若者が、いったいどうやって「社会を変える」に関わっていったのかは、次章に詳しく述べることにして、本章の最後に、友情について書いておこうと思う。

実のところ、私が社会に対してまっすぐにムカつくことができたのは、友人たちのおかげだったからだ。

先生にカミングアウトして「撃沈」する数か月前のこと。私が生まれて初めてカミングアウトをしたのは、高校二年生の修学旅行の夜だった。

その日は奈良・京都の寺院仏閣をめぐるという予定だったが、奈良公園の鹿に取り囲まれても、大仏を拝んでいても、頭のなかはカミングアウトのことでいっぱいだった。

「今言わなかったら、いつ言うんだよ」

頭のなかで、ぐるぐる思考がめぐって、日が暮れて、夜になった。ご飯を食べて、就寝時間になると、心臓がバクバクしてきた。

なんとなく宿のテレビをつけると、なぜか性同一性障害の特集番組をやっていたので、あわてて消した。

「あのなー、実はな……」

相手に選んだのは、一緒にバンドを組んでいたなぎさとミーである。

消灯時間を過ぎていたので、おたがいの表情はあまり見えなかったが、初めてのカミングアウトはあっけなく終わった。

「あんま驚かないなあ」

ミーは、ぼそぼそしゃべっていた。

「日本がダメなら、海外に行こう!」

留学志望だというなぎさは、海外のすばらしさ、日本国内のみに視点を向けることの愚かさを語りはじめた。きいてねえよ。

この夜から卒業式を迎える高校三年生の春まで、同級生一五人ほどにカミングアウトしたと思うが、否定的なコメントをする友人はひとりもいなかった。

休み時間に女らしくないことをからかわれたとき。先生へのカミングアウトが失敗したとき。私よりも激しく怒ってくれたのは友人たちだった。

高校三年生の終わりに近づくと、友人たちは私の知らないところで秘密の会議をしていたらしい。

「このままいくと、あいつ、最後までセーラー服で卒業しちゃう。なんとかできないのかなぁ」

ある友人は「別の学校の男子生徒」にかけあって制服を貸してもらい、自分たちで卒業式を別にやる計画まで考えてくれたが、結局それは実行できなかったらしい。彼女たちが卒業式の前日に集まって泣いていたことを、卒業してずいぶん後になってから知った。

高校時代の最後にみんなと過ごしたのは、声をかけてもらえた卒業旅行だった。

宿に着いてから、ひとりだけ呼び出され、友人に言われた。

「宿の人にかけあって、うちらが二〇分、あんたがひとりで二〇分、お風呂に入れるよう手配したから」

私は驚きながら、答えた。

「でも、タオルがないから、みんなでゆっくり入って……いてて」

話している最中で、友人は全身の力をこめて、背中をバーンとぶったたいてきた。

もしも本当の「どん底」だったら、生きていこうという力さえ湧いてこなかっただろう。だから、最後に彼女たちの友情に感謝して、本章を締めくくりたい。

第2章

自分が動けば、
ちょっとずつ社会も動く

うまい・へたじゃないんだよ

この章では、私が高校卒業をしてから、実際にどうやって「社会を変える」に関わってきたのかを書いていこうと思う。「ノー・フューチャーだった若者でも、実は社会は、ちょびっとは変えられるんですよ！」ということを伝えたくて、わりと迷ったけれど、あくまで個人の活動記録で綴っていくことにした。「わりと迷った」というのは、一人称であれこれ書きまくると、なんとなく「おれ、すごい自慢」のように読めそうだからだ。

ＬＧＢＴの運動は、それこそ私が生まれる前から、数えきれない人たちによって担われてきた。私がやってきたことは、南極大陸にいるペンギンの群れの一羽ぐらいのサイズ感だ。さまざまなペンギンを登場させたほうが、ペンギン物語としてはフェアなんじゃないかと思えてならないし、自分のことばかり書くというのは、脳の後頭葉あたりがムズがゆくなってしまう。というか、すでにかゆい。

でも、一羽のペンギンでも意外と冒険できることを伝えたほうが、結果として読者のみなさんが「よっしゃ。自分もできるかもしれない」と身近に感じじゃすいのではないかと思った。それで、結局は一羽のペンギンから見たストーリーというカタチに落ち着かせることにした。「おれ」の話が多いのは、一羽のペンギンでも世界に与えられる影響がそこそこあることをみんなに知ってもらい、みんなが活動的なペンギンとなって世界を変えるきっかけになってほしいから。

さて、始めるにあたって、まずは「私の人生を変えた一冊」の話をしよう。中島らも*に江戸川乱歩。いろんな作家から影響を受けてきたが、ここで取り上げたいのは「ギターの教則本」である。

ギターの教則本。それは「ギターが上手くなるため」だけに生まれた本で、それ以上でも、それ以下でもない。内容の大半は、「これでもか」という音符とコードの連続である。

しかし、この本の最後にあったコラムが、まるでパンクス**の禅僧みたいだったのだ。

記憶によれば、こんな内容だった。

〈ある小さな子どもの前で、著者であるパンクスが、ポロンとCコード***を

* 中島らも
アルコールとドラッグを愛した作家。二〇〇四年、酔っぱらって階段から落ち、死亡。代表作に『ガダラの豚』『バンド・オブ・ザ・ナイト』など。

** パンクス
不良、青二才、チンピラ、役立たずである状態。

*** Cコード
ギターを始めた人が、二分で弾ける簡単な和音。

ならしたときのことです。その子は澄んだ瞳で「きれいなおとだねー」と言ってくれたので、パンクスは、思わず涙と鼻水で、顔がぐちょぐちょになってしまいました。

光速ドリル・ピッキング。超絶ギターソロ。人をうならせるテクニック。たしかに、きみにはできないことがあるだろう。でも、できることも、一生をかけてもやりきれないくらいあるんだよ。〉

パンクスを泣かせる幼児なんて最強すぎるが、さておき、彼の言いたかったことは普遍性があるように思う。

つまり、テクニックに走るのもいいけど、簡単なCコードだって、人は心を動かせるのだ。

で、たいていのコミュニケーションというのは、そういうものじゃないだろうか。

料理だって、超高級レストランで食べるオムライスがおいしいのは当たり前だと思うけれど、好きな人が一生懸命つくってくれたオムライスは、やっぱり感動するし、ケチャップで顔が描いてあれば、思わず笑顔になってしまうだろう。

その後、社会運動というものに足を踏み入れるようになったが、ここでもまったく同じことが言えるよなぁ、とつくづく思う。

社会運動――今のニッポンでは、だいたいの人がビミョーな反応をするフレーズである。

「そんなこと意味あるの。マスターベーションじゃないの」

そう感じる人のほうが、今の社会では多いかもしれない。政治家でも大金持ちでもない自分に、いったい何ができるのかと。

たしかに、だいそれたことをしようと思ったら、「自分にはできないこと」ばかりに目が向いてしまうだろう。あなたは、ギターで例えればFコード*さえも弾けないような、ぺんぺん草のレベル1の庶民なのかもしれない。

でも、本当に大切なことは、テクニックじゃない。伝わるかどうかなのだ、たぶん。

たどたどしくても、くだらないことでも、ポロンと発信してみれば、意外と共感してくれる人がいる。むしろ下手くそなのに伝わったら、そのほうがインパクトをもつこともある。

「こんなことなら、自分にだってできるじゃないか」と思われて、うっかりパクられてしまうとか、「この人たちにできるなら、自分にもできるだろう」

* Fコード
ギターを始めた人が、一か月後に挫折する原因となる和音。

なんてことが露呈されるというのも、実は一つの才能なのだ。

うまい・へたじゃないんだよ。

私がこれから書いていくことも、できないことやショボいことのおかげで、前に進んだことがたくさんある。この本を手にとってくれた方が「これならできるかも」と思ってくれて、何かを実際に始めることになったら、こんなにうれしいことはない。

仲間を探しにいこう

すべての冒険は「仲間」を探しにいくことから始まる。

なので、まずは私が仲間、すなわち自分と同じ境遇のセクシュアル・マイノリティの人たちに、初めて会いにいったときの話から始めよう。

それは高校を卒業して、大学に入った一八歳の初夏の出来事だった。

「こ、このマンションか……」

やたら牛がたくさんいる都内の大学（ちなみに獣医学科だった）に進学した私は、その日、初めて自分以外のトランスジェンダーに会おうとしていた。

駅に着いた時点で、すでに全身は汗だく。

初夏の気候による汗。緊張による汗。そして、得体のしれない自意識による液体が体中からにじみ出ているようであった。

なにを隠そう、私は仲間に会いにいくのが「めちゃくちゃ怖かった」のである。

自宅でプリントアウトしてきた地図には、中野駅から徒歩圏内にあるＬＯＵＤというコミュニティ・スペースの場所が示されていた。ＬＯＵＤは一九八七年に誕生したレズビアンとバイセクシュアル女性のためのグループだが、この日はトランスジェンダー男性のための交流会「おにいちゃんの時間」が開催される予定となっていた。

「怖いよう、逃げたいよう」

マンションに入って、一階のエレベーター前のボタンを押す。

ぶぅん、という音がして、上の階からエレベーターが降りてきた。五、四、三、二、一、ガタン。目の前でドアが開いた。

私はもういちど、小さくつぶやいた。

「もう、帰りてぇよう」

この日、私が自分以外のトランスジェンダーたちと会いたいと思った理由は、たんに「友だちが欲しかった」からだ。

それまでオンライン上でしか生態を確認していなかったトランスジェンダーについて、実際のほかの人たちに会ってみたいし、経験をシェアしてみたいと思った。

でも、いざ行動に移すのは、相当に勇気がいることだった。

ここでも受け入れられなかったら、自分はどこに行けばいいんだろう。

もし「おにいちゃんの時間」に集まったおにいちゃんたちが、めちゃくちゃ怖い人たちだったら、どうしよう。実は、反社会的な秘密結社だったら、そのままマンションの一室で怪しいヤクブツをやるよう迫られたら、どうしよう。

そう思うと、不安で心臓がドキドキした。

いったい交流会には何人集まっているんだろう。一〇人？　一五人？　それとも、もっと？

おにいちゃんたちと自分に共通点がこれっぽっちもなかったら、どうしよう。

彼らが自分のことを取り囲んで、「やっぱり、おまえはトランスジェンダーの男じゃねえよ」「おまえなんか仲間じゃねえよ」などとイジワルなことを言ってきたら、どうしよう。

でも、いまさら引き返しようもなかった。

「ピン・ポーン」

とうとう、私は「おにいちゃんの部屋」のインターホンを押してしまった。

「……？」

なかでゴソゴソ音がするのに、返事がない。

「おかしいな」

そう思って、もういちどインターホンを押すと、なかから「はあい」という声が聞こえた。

「今日、ここで交流会があると聞いたんですけど」

「そうだよ。交流会だよ」

部屋のなかでは、ゆるゆるのパーカーを着た主催者「おにいちゃん」と、その彼女らしき女性が、まったりと麦茶を飲んでいた。

スタッフ率一〇〇％の空間が、六六・七％に変化した瞬間だった。

二人は私にも麦茶をいれてくれた。

「もっと人がくると思っていたでしょう？　ほかにはね、横浜にグループがあるみたいだけれど」

「そうですか」

「毎月開催しているみたいだから、ぜひ行ってみたらいいよ」

二週間後に、そのグループを訪ねていくと、部屋にはひとりしか座っていなかった。

「あの、グループって、ここですか?」

「あ、ほい。グループ、やっていますよ」

「……グループっていうか、ひとりですよね?」

これが、ともぞうさんとの出会いだった。

教訓1
イメージと実際は異なると心得るべし。

いきなり冊子を作ることに

「トランスジェンダーの仲間に会うの、すごく緊張したんですよ」

「はっはは、そうだよねぇ」

「何を着ていいのかも、わからなくて。おまえ、それでも男か! とか言われたら、どうしようか不安で」

「わかるわ〜」

「何をどう会話してよいかも、わからなくて」

「はっはは〜、こわいよね〜」

ともぞうさんは、フレンドリーな方だった。

横浜のグループことＦＴＭ／Ｘは、毎月交流会をやっていた。

その参加人数はだいたい一〜数名程度で、一名というのは、ともぞうさんが「ぽつねん」と参加者を待ちながら座っている回もあるとのことだった。なんとなく頭がクラクラした。

トランスジェンダーのグループというのは、もっと大きなものだと思っていたのに、実際には、こんなに少人数というか、へたしたら「グループ」という言葉の定義さえ揺るがされてしまうレベルだったのだ。

何度か足を運ぶうちに、ともぞうさんや、このグループに出入りしている人たちと仲良くなった。

「あのね、まめたくん。トランスジェンダーのコミュニティというのは、村みたいなものなんですよ」

終わった後に、トリのから揚げをすすめながら、ともぞうさんが言った。

「はぁ」

「誰もが、誰ものことを知っている。それぐらい、この業界は狭くて、恐ろしいの。そして人手も足りない」

「はい」

「だからね。こんど原稿を書いてみない？」

大学二年生になった頃だった。

どうやらこの少人数のグループは、交流会以外にも社会的発信をときどきやっているらしかった。これから作るという冊子のコンセプトは、一〇代から四〇代のさまざまなトランスジェンダーたちが自分の体験談を書き、それに専門家の解説を添えたものを、神奈川県のすべての公立高校に送付するというものだった。

「すべての公立高校とか、マジですごいな！」

私は単純に感動して、その冊子に原稿を寄稿することになった。

コミュニティに「デビュー」して間もなかったが、圧倒的な人手不足と「一〇代枠」というコンセプトのおかげで、いきなりチャンスが到来したのだ。

気がついたら夢中でキーボードをたたいていた。自分が苦労してきたことが先生方の目にとまるかもしれないと思っただけで、胸がドキドキした。

幼少期の『赤ずきん』ちゃんの劇。

ランドセル。

スカート。

そして、初めてのカミングアウトを同級生にしたこと。

先生にはわかってもらえなかったこと。

最近になって、初めて仲間ができたこと……。

書き終えると、それは本当に印刷されて、ほかの人たちの体験談と合わせて、学校に配布されることになった。*


「冊子できたの、すごいですね」

発送作業を終えた後の打ち上げで、フライドポテトをつつきながら私が勝手に感動していると、ともぞうさんからは、さらに新たなミッションが下された。

「でね、この冊子出版の記念のトークイベントをしたいの。当事者の子たちや、まわりの人たちを集めたミニ講演会だよ。話してよ」

こうして渋谷の貸し会議室・ルノアールでマイクを持ったのが、二〇歳にして初めての講演デビューということになった。

活動をしていると、人前でマイクを持つなんて勇気があるんですねと言われることがあるが、今振り返ると、こう思う。勇気があったのではなく、人手が足りなかったのだ。

＊　いいものを作っても学校には日々いろいろな資料が送られてくる。せっかく冊子を作っても、教育委員会や先生のネットワークなどを介して流通させないと、きちんと手にとって活かしてもらえない可能性もある。

教訓2

人手が足りないのは成長のチャンス。

尾辻かな子さんとの出会い

ともぞうさんのグループの常連となりつつあった大学二年生の頃、私にはもうひとつの大きな出会いがあった。

目の前に「カリスマ」が現れたのだ。

「大阪で府議会議員をしている人が、レズビアンだとカミングアウトしたんよ。尾辻かな子さん*っていうんよ〜」

それを教えてくれたのは、トモくんという同い歳のゲイの友だちだった。

トモくんとはソーシャル・ネットワーキング・サービスの「mixi」で知り合い、メールを送るうちに仲良くなった。モテを意識して、童顔にヒゲを生やした彼は、スパゲッティを食べながら、その議員のことをのんびり話していた。

「本も出していてね、ジャンヌ・ダルク**みたいなんだわ」

ジャンヌ・ダルクは火あぶりの刑にされてしまうのだけど、大丈夫なんだろ

* 尾辻かな子
二〇〇三年に、大阪府議に最年少（当時）の二八歳で当選。二〇〇七年参議院選挙に出馬、落選。二〇一七年衆議院議員に初当選。立憲民主党所属。

** ジャンヌ・ダルク
中世ヨーロッパで活躍した軍人で、フランスの国民的ヒロイン。男性の服装をしていたことで魔女認定されてしまった。

うか。

しばらくしてから、高校時代のバンド仲間だったなぎさからもメールがきた。

「今日だけど、うちの大学、尾辻かな子さんがきて講演会するっぽいよ」

これは尾辻さんの講演会とやらに足を運んだほうがいいのではないか、と思えた。

時は、二〇〇六年の五月二三日だった。

なぜしっかり覚えているかというと、その前日に、私は初めてできた彼女にフラれており、傷心真っ最中だったからである。

どうせひとりでいても、こんな日はロクなことがないに決まっていた。

だから、友人の大学にもぐりこむことを決めて、中央線の駅からバスに乗り継いで、会場であった国際基督教大学を目指すことにした。

しかし、運命は残酷であった。

「うわ、終わってた」

会場をのぞくと、「質疑応答」がちょうど始まったところだった。

私は、石川啄木*の短歌にあったように、じっと自分の掌《てのひら》を見つめた。ダメな日は、何をしてもダメなのである。ちょうど、家のなかで何かひとつ家電が壊れると、立て続けにテレビやら洗濯機やらの調子が悪くなるように、今日は

＊ 石川啄木
結核のため二六歳で夭逝した明治時代の俳人。暮らしがラクにならなくて掌を見つめるいっぽうで、妻が読めないローマ字でエッチな日記を書いていた。

やっぱりダメな日だった。

よっぽど帰ろうと思ったが、どうやら講演の後には「交流会」もあるらしい。スタッフに案内され、待ち合わせ場所である国際基督教大学の「ジェンダー研究センター」（CGS）に行くと、その部屋にはすでに、二〇人近くの大学生や、外部からの来場者がごった返していた。同世代のLGBTらしき人たちに囲まれるのは、これが初めての経験だった。

「講演、すごくよかったですね」

そう声をかけられるが、聴いていない私は、あいまいに微笑むことしかできない。ああ、完全にアウェーだ。

しかも、まわりの大学生たちは前からの友だち同士のようで、わいわいと盛り上がっている。私はひとり、紙コップに注がれた麦茶だけがお友だちだった。

どうしよう。

そこに、講演を終えた尾辻さんがやってきた。

「まいど～、お疲れ！」

尾辻さんはキラキラとした笑顔で、みんなの輪のなかに入ってきた。そして私に気がつくと、こう言った。

「あぁ、きみがまめたくんか！　きみのアタマには、いいものが詰まっているよね！」

私は、麦茶を落としそうになった。このカリスマっぽい初対面の人に、いきなり名前を呼ばれるとは思ってもいなかったのである。

尾辻さんが私を知っていたのには、理由があった。

当時、尾辻さんは五月一七日の「国際反ホモフォビアの日*（ＩＤＡＨＯ：International Day Against HOmopobia）」に合わせて、さまざまなアクションを主導していた。ホモフォビアというのは、同性愛者に対する嫌悪や恐怖心のことで、五月一七日というのは、世界保健機関が同性愛を精神疾患のリストから外した記念日とのことだった。

この日には、実に多くのアクションが予定されていた。

ゲイカップルを処刑して国際的非難をあびていたイランの大使館への抗議。ＬＧＢＴについての差別的な番組を作った日本テレビへの申し入れ。国の官僚たちへの政策に関する申し入れ。さらに新宿駅前での街頭キャンペーン。「Act Against Homophobia」というのが一連のキャンペーンのタイトルだった。

しかし、これらがどうも一九歳の私には「とっつきにくいもの」に思われた。まず、英語なのがダメだった。ホモフォビアというのも馴染みにくい言葉だ

＊ 国際反ホモフォビアの日
その後、International Day Against HOmopobia にバイフォビア、トランスフォビアなども含まれて、International Day Against HOmopobia biphobia and Transphobia（ＩＤＡＨＯＴ）と改名されている。長い……！ 日本では「多様な性にＹＥＳの日」として二〇一四年に日本記念日協会に登録。

った。抗議活動とか大使館とかいうのも、自分とは遠い世界のことに思われた。

そこで、怖いもの知らずだった私は、「Act Against Homophobia」の主催者とは関係なく、あくまで勝手にアクション・プランを妄想し、それをＳＮＳに投稿してみた。

「五月一七日がＬＧＢＴについての記念日なので、みんなでmixi*のプロフィール画像を虹色にしてしまおう」

書いた内容は、ざっくりそれだけ。

虹色は、ＬＧＢＴや多様性のシンボルカラーだ。その日だけ、プロフィールを虹色にしてみたら、ＳＮＳでつながっている人たちに「何だろう」と興味をもってもらいやすいだろう。五月一七日という記念日があることを知ってもらえれば、その日を面白がってくれる人がいれば、まずはいいんじゃないのか、と考えたのである。

「共感してくれたら、みんなのプロフィールも虹色に変えてほしい」と書いてもらい、読んだ人がドミノ式に影響を受けたら、きっと面白いんじゃないかと思えた。

さらに、虹色の画像なんてどこに転がっているのかわからないから、「虹色の画像も、このコメント欄にどんどんください」という他力本願なコメントも

＊ mixi
二〇〇〇年代に大流行していたＳＮＳ（現在もある）。それぞれが自分のページをもっており、日記や写真アルバムを作ることができる。ＳＮＳのプロフィールを虹色にするというアイデアは世界共通だったらしく、その後アメリカで同性カップルにも結婚が認められたときには、同じくＳＮＳのFacebookでプロフィールを虹色にする人が続出した。

添えてみた。

これが実のところ、メガヒットした。みんなが面白がって、オリジナルな虹色の画像を何十種類も作りまくり、どんどんコメント欄に投稿してくれたのだ。

五月一七日になると、数百人が「虹色のドミノ」に巻き込まれていた。

私のSNS上の友だちも、みんなプロフィールが虹色になっている。これは、なかなか壮観だった。


「きみの投稿はユニークだよね」

尾辻さんにそう言われるとうれしかったけれど、よくよく考えると、「ネットで有名」というのは褒《ほ》め言葉なのか、よくわからなかった。だいいち、この部屋において私は「麦茶だけが友だち」なのだ。まわりの人たちのように、既知の友人がいるわけでもない。

まぁ、いいか。

この日、知らない学生たちに囲まれながら、まわってきたメモ用紙に自分の名前とメールアドレスを書くと、気がつけばインカレ（学校の垣根を越えた）の学生ネットワークの立ち上げメンバーのひとりとしてカウントされていた。

そのネットワークの名前は「レインボーカレッジ」といった。

教訓3　SNSはときどき奇跡を起こす。

長すぎるミーティング

「いや〜、話がつきないですね！」

そう目をキラキラとさせて、大学の一室のソファで祥ちゃんは笑った。

祥ちゃんは、初めて仲良くなった同世代のトランスジェンダーだった。とても丁寧かつ誠実な人なので、最初の頃は敬語が抜けなかったのがおかしかった。身体違和のこと。子どもの頃に好きだった遊びや、まわりからの性別の扱われ方で気になること。面白かった本や映画について。どこで服を買うか。いくらでも会話が続きそうだった。

我々が仲良くなったのは、レインボーカレッジのおかげだ。

尾辻さんの講演会をきっかけに生まれたレインボーカレッジは、「LGBTなどの学生が、よりよい学生生活を送るためにどうしたらいいかを共に考え行動する」というミッションのもと、いくらでも話し合いを続けられるタフな集回だった。

ミーティングは、たいてい土日の一三時頃からスタートして二〇時ぐらいまで続くのが常。その後、ご飯を食べて解散となると、へたしたら一〇時間近く会話しているのではないかと思うこともあった。

「話がつきないね」という牧歌的な感想は、そのうち「ミーティングが長すぎる」という課題に変わっていった。「ミーティングが長すぎる」というテーマで、長いミーティングをやったこともあった（ああ、矛盾……）。

発足すぐ後に行ったのは、メンバー同士の体験をシェアして報告書を作ることだった。とりまとめた「セクシュアル・マイノリティーズ当事者による学生生活アンケート結果報告」（二〇〇六年一一月九日）には、初期メンバーやそのまわりの友人たちが経験してきたことがクリアにまとめられている。

講義中に平気で「オカマ*」という言葉を使う大学の教員。

体育の授業で女性のようなリアクションをしたら、笑われてしまったこと。

友人としゃべっているとき、ふと、自分のセクシュアリティを知られたらこの関係は続かないんだろうな、と思ってしまうこと。

健康診断が男女別になっていて、面倒で休んでしまうこと。

みんな日々をサバイバルしていた。仲間同士で集まれるときにはホッとして

＊ オカマ　男性同性愛者や女性的な男性に対する侮蔑的なニュアンスを含む言葉。本人が自虐的に使うのはセーフでも、ほかの人が勝手に使うべきではない。

も、また次の日からは自分たちの持ち場で頑張らなくてはいけない。

「ぼくは、みんなでプライドパレード*にフロート（山車）を出したいんだよね」

いつもパレードについて熱く語っていたのは、初期メンバーのケータだった。

「自分はゲイとして生きてきて、パレードを歩いたときほど、生まれてきてよかったと思ったことはなかったんよ。だから、トラックを借りてみんなで歩きたい」

この案は、二〇〇七年の夏にひらかれた「東京プライドパレード」で採用されることになった。「学生集合！～虹色の学園祭～」というテーマをつけた我々の学生フロートは、小さな軽トラにスピーカーと大きな黒板を乗せて代々木公園を出発し、ノリノリの音楽をかけながら渋谷の街を進んでいった。

「先生！　私たちはあなたの生徒です」

「同性婚の実現を！」

「クラスに一人はゲイがいる」

みんなプラカードを作って、超笑顔のハイテンションだ。

ケータといえば、上機嫌で旗を振りまわしていたが、背中にはこんな手書きプラカードを背負っていた。

＊　プライドパレード
性的少数者が自分たちのありのままの姿を祝福し、社会に存在をアピールするために行われる行進ないし祭典。

「あの時、大人が『同性を好きでもいい』と教えてくれたら」

なんとも泣かせるやつだ。

とはいえ、実はこの頃、よく私がケンカしていたのもケータだったと思う。パレードの準備のためにみんなが忙しくなると、たいていはＬＧＢＴ間での無理解やいざこざが発生していた。ひとくちにＬＧＢＴといっても、たとえばゲイとトランスジェンダーでは抱えている課題がちがう。

「本当は派手なイベントより、自分が普段困っているトイレや更衣室のことを話したい」。そう思うこともあったが、このようなトランスジェンダーの気持ちが「あとまわし」にされることで険悪ムードになることもたびたびあった。そもそも、自分たちが準備しているイベントのトイレが男女別しかないとか、誰かが提案する「温泉に行くプロジェクト」にトランスジェンダーが入れないとかも、よくある光景だったのだ。

「はいはーい。みんな、ケンカしなーい」

コンビニで買った納豆巻きを食べながら、いつもの部屋で面倒くさそうにフミカがつぶやく。

「でもさ、これはきちんと話し合ったほうがいいんじゃないかな」

祥ちゃんが冷静にツッコミを入れる。

「そうだよフミカ、これは大事な話し合いなんだよ」

ケータが真面目くさった声を出すと、今日初めて参加したという新規メンバーは、「いったい何だ、ここは」という表情で困惑している。

「あのね、レインボーカレッジって、こういうところなの」

私はそんな新規メンバーに説明を始める。

「そうそう、ケンカが趣味なの。ごめんね」

フミカが面倒くさそうにフォローを入れる。美大生のミツワは飽きたのか、彫刻刀を取り出して、床に座って何かをゴリゴリと削っていた。

「何してるの？」

祥ちゃんが念のために尋ねると、彫刻刀を持った彼女は、こう言った。

「学校の課題が、終わらないもんで」

これが、だいたいのレインボーカレッジの活動風景だった。

教訓4

多様性は、面倒くさいものと覚悟せよ。

仲間と出会うことの意味

レインボーカレッジが発足した頃、ＬＧＢＴという言葉の知名度はとても低かった。ＬＧＢＴを知っている人がいたら「なんで」と尋ねたくなるくらいで、イベントをやっても、お客さんが二〇人もこないのはザラだった。

その日も、早稲田大学で「ＬＧＢＴの学生生活を考える」というイベントを開催していたが、レインボーカレッジのスタッフのほうが多かった。その数少ないお客さんのひとりに、あやぱんがいた。

あやぱんは大学生で、女性として通学しているが戸籍上は男性というトランスジェンダーだった。

休み時間に、あやぱんはスタッフだった大槻さんに話しかけた。

「ＭＴＦ*でも、女性として就職できる人がいるって本当ですか？」

「ええ、本当にいますよ」

「本当に？　私、就職できるのか、困っていて……」

「じゃあ、その方をご紹介できるようセッティングしましょう。ちょっと待っていてください、ええと」

＊　ＭＴＦ　Male to Female の略。男性から女性へ性別移行するトランスジェンダーの意味。最近ではトランスジェンダー女性と表記することが一般的。

大槻さんがその場で問い合わせをし、二週間後くらいにあやぱんは、初めて先輩たちに会うことになった。電車に乗り、待ち合わせ場所に向かいながらも、彼女はまだ「本当にそんな人がいるのだろうか」と半信半疑だったそうだ。

あやぱんは、学年が上がるごとに不安をつのらせていた。彼女は、トランスジェンダーとして生きている仲間に出会ったことがほとんどなかったのだ。

自分は女性としてしか生きられない。でも、戸籍上の性別は男性で、一般企業に受け入れてもらえるかはわからなかった。就職活動では、どちらの性別にマルをつけたらいいのだろう。どんなスーツを着たらいいんだろう。髪型は短く切らないといけないの？

ひょっとして、とニューハーフ*・パブの面接も視野に入れていたが、自分がそれを望んでいるわけではなく、水商売だって相当にハードな道に思えた。

待ち合わせ場所には、女性として就職している先輩が二人いた。喫茶店に行くと、彼女たちはそろってあやぱんに言った。

「もし就職について困っていることがあったら、何でも訊いてね」

「はい」

「私たち、あなたの力になりたいんだからね！」

「はい……」

＊ ニューハーフ　サザンオールスターズの桑田佳祐が、男性から女性へのトランスジェンダーを「男と女のハーフ」という肯定的なニュアンスで呼んだことに起因する言葉。水商売や性産業に従事するトランスジェンダーを指して使われることが多い。

あやぱんには、思わず感極まるものがあった。それが、彼女が生まれて初めて、自分が女性として、あるいは人間として、就職できるかもしれないのだとわかった日だった。

その後、あやぱんは女性として一般企業に就職した。二〇人くらいしか参加者のいなかったレインボーカレッジのイベントのおかげだと、後に手紙を書いてくれた。

トランスジェンダーにとって仲間の存在というのは、とても大きな意味をもつ。

それは私の場合も同じだ。高校を卒業するまで「一刻も早くホルモン治療や手術がしたい」と思っていたけれど、多くの仲間たちとやりとりするなかで、治療をしなくても男性として生きている人がいることや、男らしさ・女らしさのバリエーションは無限であることを知って、「こうしなきゃいけない」という焦りが大きく減っていった。

自分のような人間は世界にたったひとりだと感じているときには、同じような仲間に出会うだけで、問題の半分以上が解決してしまうこともある。それをあらためて感じさせてくれる就職のエピソードだった。

教訓5 人が出会うだけで解決する問題もある。

選挙という祭りが

「きみたちが三〇歳になる頃には、日本の社会はきっと変わっていると思うねん」

初めて会ったときから、尾辻さんは会うたびにいつもこう言ってくれた。

レインボーカレッジの仲間で新しいイベントやプロジェクトを思いつくと、彼女はいつも快くサポートしてくれた。プロジェクトを助けてくれる人を紹介してくれたり、広報を手伝ってくれるのもうれしかったが、なにより若者のチャレンジを一緒になって喜んでくれることが、当時の自分にはうれしかった。

そんな尾辻さんが次の参議院選挙に立候補するらしい、というニュースが飛び込んできた。

時は二〇〇七年。レインボーカレッジが発足した翌年のことだった。

「うわ〜、政治家が選挙でLGBTのことを話しているよ!?」

私にとっては、相当な衝撃だった。

彼女は自分がレズビアンであることを前面にうちだして、ＬＧＢＴを含めた多様な人びとが安心して生きられる社会について、モーレツに問いかけていった。これまで、国会議員になろうとする人がそんなふうに語っているのを、私は見たことがなかった。

「政治なんて自分とは関係ないと思っている人たちもいるかもしれない。だけど、こんな言葉があるんです」

彼女はマイクを持って街中で語りかけていた。

「政治を軽蔑する者は、軽蔑に値するような政治しか手に入れることができない、と。あきらめてしまったら、それで終わってしまう。だから政治にチャンスをください」

脳みそがググッと揺れた瞬間だった。

以前、高校生向けのキャリア支援をしているあるＮＰＯの代表がインタビューのなかで、「若者が求めているのは答えを教えてくれる人ではなく、解決すべき問題を示してくれる人です」と答えていたことがあったが、尾辻さんの大きなチャレンジは、私にはっきりと「解決すべき問題」のひとつを示してくれた。政治だ。

政治――。一度も、親しみやすいと思ったことのないテーマだった。

しかし、そもそも学校でＬＧＢＴについて教わる機会がなかったのも、先生がＬＧＢＴについて知らなかったのも、日本で同性カップルが法的に家族になれないことも、すべては政治的な課題だった。

「この人を当選させなきゃいけない」

当時二〇歳。政治のわからぬメロス*状態だった私も、気がつけば選挙事務所に入りびたりになっていた。

尾辻さんの選挙事務所は、アジア最大のゲイタウンこと新宿二丁目のど真ん中にあって、出かけていくと、誰かしら知り合いがいた。チラシを折るのも、「角刈りマッチョのアニキ」と仲良くなって軽トラであちこちにポスターを貼るのも、その後みんなでご飯を食べるのも楽しかった。それまで、どこにどんな政党があるのかもよくわからなかったけれど、年上の人たちの会話を聴いていると、なんだか自分が大人になったような、くすぐったい気持ちがした。

しかし、現実はやはり厳しかった。

「なんとかならんかな」

「いやー厳しいかなぁ、これは」

真夏の深夜。選挙の開票速報をテレビで見ながら、ボランティア同士で同じ

＊　メロス
太宰治の闇を感じさせないほうの名作『走れメロス』に出てくる好青年。

会話を二三回ぐらい繰り返した。

日付が変わると尾辻さんは挨拶をし、一人ひとりと握手をして、頭を下げた。やりきれなくなって外に出て、ガードレールに座りながらケータたちと始発の電車を待った。

「あーあ、また頑張るしかねぇかぁ」

夏の夜風が、妙に生ぬるかった。

落選後の事務所は、ぱたりと人の波が止んで、尾辻さんと二人で票の集計をしたが、彼女にかける言葉もなかった。

元気ですか、と毎朝送られてくるＦＡＸは、尾辻さんのお母さんから。

今から思えば、ＬＧＢＴの政策、人権施策だけで票を集めようとするのは、相当にムチャなことだった。でも、彼女にはきっとそうせざるをえない政治的事情などもあって、カミングアウトして華々しく闘い、落選したのだと思う。

選挙後に事務所の「合カギ」をもらった、それからというもの、事務所をずいぶんと使わせてもらった。仲間たちとの鍋パーティ。ステンレスの大きな鍋を購入し、尾辻さんに電話で「事後報告」をして、事務所に置かせてもらった。打ち合わせ、トークイベントにも使わせてもらった。徹夜で飲んでいたこともあった。

これを書いている今、私は三一歳である。

「きみたちが三〇歳になる頃には、日本の社会はきっと変わっていると思うねん」という声をもう聞くことはないけれど、日本はあのときからどう変わっただろうかと、今でもときおり思い出すことがある。

教訓6 政治にチャンスを！

「多様な性にYESの日」の誕生

尾辻さんの選挙が私に与えた影響には、大きく分けて二つの側面がある。ひとつが政治への関心をもたせてくれたことなら、もうひとつは、彼女が忙しすぎたことが私を「草の根系アクティビスト*」にしてくれた、ということだ。

それまで私は、自分で企画や団体を立ち上げたことはなかったが、この頃、初めて自分でプロジェクトをまわすことのアブナイ快楽をおぼえてしまうのだった。

＊ 草の根系アクティビスト　お金や権力がないなりに、仲間を集めて社会にインパクトを与えようとする人びと。

きっかけは、また「国際反ホモフォビアの日（ＩＤＡＨＯ）」である。

「今年は、誰もあのキャンペーンやらないの？　もうすぐ五月一七日だよ」

その頃、私はあちこちで訊いてまわっていた。

「うーん。去年頑張っていた尾辻さんが、今は選挙中で忙しくて、それどころじゃないんじゃないかな」

誰に訊いても、あいまいな反応しか返ってこなかったので、結論から言うと「自分でやっちゃえ」と発想するに至った。今から思えば「若気《わかげ》の至り」なのだが、自分にも何かができるにちがいないと妄想をふくらませてしまったのである。

たんに、国際的な記念日なら毎年やれよ、と思ったのが発端だった。

あらためて昨年度のアクションを振り返ると、イラン大使館への申し入れや日本テレビへの抗議、省庁での官僚との面会など、とうてい自分のような若造には関われそうにない内容のオンパレードだった。

というか、私はスーツも持っていないのである。

「せめて、新宿駅で去年やっていた街頭アクションなら、できないかな」

そう考えて、さっそく数人の仲間をつのり、五月一七日に自分たちで街頭アクションをやる作戦を立てはじめた。

当日までは二週間少ししかない。まず、確保すべきは「借りるべきモノ」である。

街頭アクションをやるにあたって、マイクが必要だと思った。でかいマイク。政治家が街で使っているような、トラメガ。あれが欲しい！

そこで、ちょうど四月に中野区議会議員を目指して選挙に立候補し落選してしまったばかりの、石坂わたる*さんにお願いしてみた。

「五月一七日の記念日のアクションを、一緒にやりましょう！」

石坂さんは、ゲイであることを公表して地方議会選挙を戦った初めての人である。尾辻さんより一足先に落選していたが、私は石坂さんの選挙事務所にも出入りして、「たけのこご飯」を食べたりしていた。

「いいですね、やりましょう」

こころなしか、選挙のせいでやつれていた石坂さんは快諾してくれた。そして、一緒にブログの文案やチラシの中身についても相談にのってくれることになった。これは本当にありがたい。よっしゃ、強力な仲間が現れたぞ。

石坂さんのおかげで、街頭アクションは中野駅でもやることに決まった。

次に、名前をもう少しキャッチーにできないか、と思った。

「IDAHOってさ、ちょっとわかりにくいよね。国際反ホモフォビアの日

＊　石坂わたる
ゲイであることをカミングアウトして、初めて地方議会選挙に立候補。二〇一一年、中野区議会議員に初当選。無所属。もとは養護学校の教員をしていた。

というのも、うまく説明しにくいな」

レインボーカレッジで知り合った「ぎゃーちゃん」の家で、我々は急ぎで作戦会議を行った。

「まめちゃん、あいうえお作文にしたらどうだろう？」

ぎゃーちゃんは、他人とはちがう視点の持ち主である。

「たとえば？」

「あ‥あなたも　い‥いっしょに　だ‥だとう　ほ‥ほもふぉびあ。……あなたも一緒に打倒ホモフォビア！」

「いやいや、なんかおかしいでしょ。というか、そもそもホモフォビアがわかりにくいよ」

「ホモフォビアは、ざっくりいえば同性愛に反対ということだよね」

「うん」

「だから、国際同性愛に反対に反対の日」

「あはは。もう賛成でよくない？　多様な性にYESの日！」

こうして「国際反ホモフォビアの日」という名称は、「多様な性にYESの日」と言うほうがわかりやすいのではないか、ということになった。

ＩＤＡＨＯの語源である「International Day Against Homophobia」を、い

わば意訳するカタチにしたのだ。

そして「アイダホ」は、駄洒落になった。

「やっぱ愛でしょう！　やっぱ愛ダホー！　ってどう？」

ぎゃーちゃんは、「愛ダホー」の部分だけをみんなに言わせるというコール・アンド・レスポンスを発案した。

「あはは。すごく怪しい。うさんくさい」

「思わず人目を惹いてしまうよね。でも、伝えたいことは詰まっている」

「うん」

「愛というのは、恋愛だけじゃなくて、友人や家族、隣人愛などのことを表している。いわばエロスであり、アガペーでもあるってわけ」

だんだんワケがわからなくなってきたが、ひとまずアクションの方向性は決まった。

昨年の「Act Against Homophobia」路線は、主催者たちが忙しいのをいいことに、勝手に変更してしまおう。自分たちのアクションは、みんなで楽しくやれるものにしたい。

ちょうどその頃、コピーライターのマエキタミヤコの書いた『エコシフト』（講談社新書）を読んでいたことにも影響を受けた。マエキタは、環境問題や世界の貧困についてたくさんの人に身近に感じてもらうために、かわいいものやユーモラスなものを使う「チャーミングアプローチ」をとっている。たとえば、コワモテの主張が目立つ捕鯨問題について、マエキタは「くじらのTシャツのデザインを集める」などのアプローチで議論を深めようとしたそうだ。もっとも、私たちの「駄洒落」がチャーミングかどうかは自信がないが。

最後に、街頭アクションをするにあたっての「あまりに致命的」ともいえる点についても、アイデアが出てきた。

「街頭でなにかアピールするぞ」と決めたときから、うすうす気がついていたのだが、実は石坂さんを除く我々は「人前でスピーチ」なんてできなかったのだ。

マイクは借りた。でも、マイクで話せない。いやはや、どうすりゃいいのだ。

「困ったら、SNSを使え」

一年前の自分が、耳元でそうささやいた気がした。ゴールデンウィークも終わりかけていたその晩、私は「mixi」のスレッドにこう書き込んだ。

「あなたのメッセージを街頭のマイクで届けます！　五月一七日は多様な性にYESの日。あなたの『多様な性にYES』なひとことメッセージをくださ

い。私たちがすべて新宿の街頭でリレー式に読みあげます」

本当にそんなムチャなことをするのかよ、という書き込みだったことが功を奏したのか、朝になってログインすると、ひと晩で一〇〇通近くのメッセージが寄せられていた。

教訓7
人を巻き込むにはわかりやすく、身近に。

初めての街頭アクション

五月一七日の夕方。

わずか二週間ほどでつくりあげた「多様な性にYES」の街頭アクションが始まった。

「ご通行のみなさま。今日は五月一七日。多様な性にYESの日です。この日は、一九九〇年五月一七日にWHOが同性愛を精神疾患のリストから外したことにちなんだ、世界的な記念日です。今日は全国から寄せられた、多様な性にYESのひとことメッセージを、駅前で読みあげさせていただきます！」

マイクを握って、第一声をあげる。すでに開始前から「ネットで見て面白そうだから」「なにかやりたい」という人たちが声をかけて、一緒にレインボーフラッグやチラシ配りをやってくれている。もともとは数人のアクションだったのに、これはうれしい。

集まったメッセージは、トータルで二〇〇通を超えた。

「接客業をしているアイダホネームましろさんのメッセージです。男性に対して恋に落ちる瞬間と、女性に対して恋に落ちる瞬間に違いがあるなら教えてほしい。少なくとも、私のなかで何も違いはなかった。ただ違いがあるなら、愛した人はみんな、個別の人柄があった。ただそれだけ」

「出版社にお勤めの、アイダホネーム博多のおトラさんのメッセージです。私の大親友はゲイです。彼に彼氏ができて、とっても嬉しい。だけど結婚ができないので、養子縁組しかないなんて……同性愛者にも結婚の自由を！　二人の幸せをいつも祈っています」

マイクをまわし、集まった人たちでメッセージを次々に読みあげていく。

人前でスピーチができない、という街頭アクションをやるにあたっての最大の弱点を、「メッセージを集めて原稿を読む」というカタチにしたのは大成功だった。これなら、誰でもマイクを持ちやすい。飛び入り参加者が、どんどん

「自分も読みたい」と言ってマイクを手に持って話していった。

「愛していた人のことを家族や友だちに話したかった。聞いてほしかった。愛している人のことを家族や友だちに話したい。聞いてほしい！」

「大好きなハニィと結婚したい!!」

「『好き』っていう一番素朴な感情に、オカシイとかキモイとか、そういうレッテルを貼らないで」

「中学生の頃、自分が同性愛であることが認められなくて、学校に行けなくなってしまった。これからの子たちには、もう、そんな思いをしてほしくない」

「髪が長くても、胸があってもいいじゃん。仕事をください」

にぎやかな様子を、「何だ何だ」と見ている人の輪もできてきた。

「mixi」でふたたびレインボーカラーの画像を集めて、ユザワヤ*で買ったプラスチックのボードに貼りつけた。もう「神様・仏様・mixi様」だ。

チラシもどんどんはけていく。このチラシ、ぎゃーちゃんが自宅のプリンターで当日に印刷をしたという超ロークオリティのものだ。来年は印刷会社に出さなくちゃな。

中野駅でのアクションが終盤にさしかかり、あと一〇分ほどになったときの

＊ ユザワヤ　制作意欲を満たしてくれる手芸洋品店。

ことだった。遠くから、ずっとこちらをうかがっていた女子制服の高校生が、緊張しながら近づいてきた。

「あの……」

手のひらに、クシャクシャになった紙が渡された。

そこには、読みあげてほしいメッセージとして「わたしも、いつかは胸をはって生きていきたいです」と書いてあった。

このメッセージを本人の横で読みあげたのが、この日もっとも緊張した瞬間だった。

教訓8

ひとりのためにでもやってよかった、ということはある。

全国に広がった「やっぱ愛ダホ！」

中野・新宿でのアクションは大成功に終わった。新聞にも大きく取り上げられ、活動の様子をとらえたＹｏｕＴｕｂｅ動画もちょっとした反響を呼んだ。

「本当に、ぼくのメッセージを読んでくれるとは思いませんでした」

こんなメールをもらうこともあった。

「ぼくは今、学校中でシカトされていて、誰も話を聞いてくれません。でも、そんなぼくの声を、町中で読んでくれる人がいるってわかりました。ありがとうございました」

こちらこそ拝みたくなるメールだった。

いっぽうで、一緒になにかをやりたいという連絡も相次いだ。

「これなら、自分の街でも『愛ダホー！』できると思いました」

「来年は、ぜひうちでもやりたい！」

準備期間がわずか二週間程度。やっている人間の「ど素人ぶり」および「圧倒的なショボさ」は、見ている人たちにもインパクトがあったらしい。二〇歳の若者が数人規模で始めたことは、不覚にもほかの人たちを勇気づけてしまったのだ。

実は初めて街頭アクションを行ったこの年、五月一〇日あたりに、大阪に住む友人のこうくんからも連絡があった。

「めっちゃメッセージ集まっているね！　おれ、今からでも大阪でアクションやりたいんだけど」

五月一七日までは、あと一週間しかない。こうくんは一九歳。今のところ、大阪でアクションをできるスタッフは約一名、というか彼だけ。

そんな状態なのだから、もちろんやるしかない（笑）。

私は街頭アクションの告知ブログに「大阪・心斎橋の三角公園」と新たに入力し、こうくんは、思春期に愛用したという「家出用かばん」にメガホンを詰め込み、なんとかアクションを成功させた。興味をもった人たちは、一週間のうちに集結してくれたのだ。

こうくんが見抜いたとおり、メッセージ募集&読みあげ型のアクションは、実は「全国各地で同じことができる」という可能性も秘めていた。同じものを全国で読めばいいだけだからだ。

二〇〇八年には、新宿・横浜・名古屋・大阪・神戸の五か所に活動が拡大。開始二年目にして、NHKの取材カメラが入った。

各地の呼びかけ人の多くは大学生で、レインボーフラッグを身にまとったり、友だちを誘って「カミングアウトされたことがありますか？」というYES・NOアンケートを路上でとったりして、楽しい雰囲気を盛り上げていた。

二〇〇九年には、活動は札幌、青森、仙台、千葉、中野、新宿、浜松、名古屋、大阪、京都、甲子園、福岡、愛媛の一三か所までに広がり、大躍進をとげた。それ以降、これを書いている現在まで毎年一〇～二〇か所で「多様な性に

ＹＥＳの日」関連イベントは行われており、各地の新聞などで注目されている。

それにしても路上のアクションは、本当に面白い。

「あの人、読みあげるのがうまいねえ」とみんながほれぼれしていた人が、実はスタッフの誰も知らない人だったり、通りかかった外国人が感動してスペイン語でスピーチをして、ハグしていなくなったりする（何を話しているのかはわからない）。

いちどは、横浜駅前で酔っぱらいのおっちゃんにからまれたことがあった。

「なにぃ、おまえら、同性愛に反対なのか!?」

おっちゃんは顔を赤くして迫ってくるので、いやいや、その逆です、同性愛だけでなくトランスジェンダーなど、いろいろな性のあり方がありまして、と趣旨を説明したところ、こんどはひとことマイクで話したい、と言い出した。

「愛とやすらぎ。これは、いかに、かけがえのないことか！　おれも、おまえたちと気持ちは一緒だあぁ！」

さすがに酩酊《めいてい》しているのはヤバイんじゃないか、と脳裏をかすめたが、思いがけない味方も登場するものだ。

もっとも、街頭アクションができる開催地ばかりでもない。

「小さい町だし、顔出して街中に立つのはちょっと」なんて場合には、公共施設を借りて「メッセージ展」を行うとか、当事者や友人らの交流会をやるとか、映画を観るとかの方法もアリにしている。

一般的にＬＧＢＴの話題は、地方であればあるほど「自分の町とは関係ない話」として認識されやすい。

「東京みたいな大都市ならまだしも、自分の町にはＬＧＢＴの人は住んでいないんじゃないかね～」と思われているからこそ、ローカルアクションには意味がある。

今後も、もっといろんなところで、小さなアクションが広まってほしいと願っている。ご興味のある方は、ぜひ来年のアクションでも一緒にやりましょう。

「五月一七日は多様な性にＹＥＳの日」（https://idaho0517.jimdo.com/）

教訓９

スピーチできないのは、みんなも同じ。

友だちが死んでしまうということ

街頭アクションが大躍進、なんて華々しいことを書いてきたが、当然ながら、私には変えられないこともいくつもあった。そのひとつは、ＬＧＢＴコミュニティにいると、ときどき友だちが死んでしまうということだった。

私はこれまでに、ＬＧＢＴの知人や友人を七〜八人ぐらいは自死で亡くしている。そのなかでも胸が痛んだのは、イサくんのことだった。

「まめたさんの通っていた高校って、たぶん、おれのご近所ですよね？」

イサくんは、私が生まれて初めて講演らしきものをした、ともぞうさん主宰の勉強会にきてくれていた高校生だった。

スタジオジブリ*の作品に出てきそうな、すらっとした爽やかな少年。それが第一印象で、よくよく尋ねると、セーラー服を着るのが苦痛で学校に行けていないとのことだった。

「これを読んでほしいんです」

二週間後に呼び出されたとき、イサくんは喫茶店で「ぶ厚い資料」をカバンから取り出した。

＊　スタジオジブリ　世界に誇る日本のアニメ制作会社。筆者がもっとも好きなのは『風の谷のナウシカ』（宮崎駿監督、一九八四年）。

「これは何？」

「おれ、もう学校に行けなくて。だから先生に手紙を書こうとしたんです。これ、まめたさんにチェックしてほしいです」

資料を広げると、彼の必死の訴えが飛び込んできた。


〈男性の先生方に聞きますが、これから6年間毎日スカートをはけと言われたらはけますか？　おれはもう限界なんです。登下校でさえ嫌なんです。私服で学校に行ければどれだけ楽になるか。でもそれは無理だとわかっています。だからせめて授業の時、体操着を着ていたいのです。体操着を着てても見逃してほしいのです。本当に、お願い致します。〉


ほかにも、たくさん資料がついていた。

彼が不眠やリストカットに苦しんでいるという精神科医の意見書。

性同一性障害についての日本精神神経学会のガイドラインをプリントアウトしたもの。

あとは、自分が幼少期からどれくらい性別違和に苦しんできたのかを表した「自分史」までついていた。これは、性同一性障害の診断のために医療機関では必要とされることがあるけれど、学校側にまで出す必要があるんだろうか。

「イサくん、これ、全部自分で用意したの？」

「そうです。どうでしょうか」

「うーん」

私はうなった。というか、自分にだって、これをどう添削《てんさく》していいかなんてわからなかったのである。

「これはイサくんが必死で書いたものだから、手紙を添削するなんてことは自分にはできないなぁ。でも、さすがにこれだけ一生懸命用意をしたなら、先生だってわかってくれるんじゃない？」

イサくんは、ホッとしたように笑った。

しかし、次に会ったとき、彼は高校を退学していた。教室に入ると、過呼吸発作を起こしてしまうようになったのだ。

「イサくんって、まめちゃんの友だちだよね？　彼、今けっこうヤバイよ」

共通のトランスジェンダーの友だちからは、よく彼のことを耳にした。

「どうヤバイの？」

「寝ないでずっとバイトしている。手術のためにお金が必要だからって。たしかに身体違和感があるのはわかるけれど、治療しか人生がないみたいだよ」

退学した後、彼は家を出て、手術費をかせぐためにアルバイト漬けになっていた。

一般的に、トランスジェンダーが自分の理想の身体を手に入れるための手術などには、保険がきかない。ふくらんだ胸を平らにするのには、およそ六〇万円以上はかかる。そのほかに子宮・卵巣の摘出、さらに外性器形成までずると、三〇〇万円をくだらない額のお金が必要だ。

身体違和の強いトランスジェンダーにとって、早く治療をしたいと願うことは当然のことだ。それでも、短期間に何度もタイ*に渡航し、手術をしては帰国、ろくに眠りもせずにアルバイト漬けという様子は、同じように治療をしている仲間から見ても心配だった。

手術にしか情熱を注げない彼の、ぽっかり空いた心の穴が気になった。

心と体の性別がズレていることで傷を負った人間は、たんに「心と体の性別が一致さえすれば幸せになれる」というものではない。

望む姿を手に入れることはたしかに必要かもしれないが、社会のなかで負った傷は、手術では癒すことができないのだ。姿を変えることは、幸せになるための方法のひとつではあっても、目的ではない。

結局、すべての手術を終えた後、イサくんは天国に旅立ってしまった。これ

＊タイ　うまい・安い・早い（手技が上手で、価格が安く、順番待ちが少ない）との理由で、性別適合手術を希望する日本人の約半数がタイに渡航している。ただし、手術後のアフターケアが難しいといった難点もある。

以上やれることがなくなったときに、生命の糸が切れたのかもしれない。いつもどおり薬の過剰摂取をやって、その日は失敗してしまった。そして、還らぬ人になってしまった。

彼のホームページを見ると、「これは昔、おれが書いた文章です」として、学校の先生に渡したときの「手紙」が全文載っていた。

〈ちなみにこの文章を書くきっかけは、最近初めて参加したGID*勉強会でおれと同じFTMさんに会ってきたからなんです。ネットで知り合ったFTMさんに会うのは初めてだったしそうゆう勉強会に参加するのも初めてですごく緊張したけど、GIDにもいろんな生き方があっていいんだ、いろいろな考え方があるんだって改めて思い、本当に勉強になったんです。

それでおれはみんなに様々な人や生き方があるんだって伝えたいと思い、まずは自分自身、おれのことを知ってもらおうと思いました。〉

＊GID　性同一性障害（gender identity disorder の略語）。

イサくんが私のことを書いていたことを、喫茶店では気がつかなかった。

どうして止めることができなかったんだろう。あのとき手紙を添削してあげたらよかったんじゃないか。最後にイベントですれちがったときに、もっとちゃんと挨拶をしておけばよかった。

パソコンの前で涙がこぼれて仕方なかった。

イサくんが亡くなったのは、時系列からいえば、私が就職をした二四歳の頃である。でも、それが初めて失った友だちではなかった。詳しく書くことはできないが、レインボーカレッジの立ち上げメンバーのなかにも、自ら命を絶ってしまった仲間がいた。

「友だちが死ななくて済む社会をつくりたい」

おおよそ「目標」と呼ぶにはあまりに悲しく、「夢」と呼ぶには七夕の短冊に書いて吊るすこともできない願いを抱いた。

やたら日差しのまぶしい冬の朝だった。

教訓10

変えられることも、変えられないこともある。

要望書はやりなおし！

「ダーメだよ、こりゃあ。全然ダメ！」

小田急線の豪徳寺の近くにあった保坂展人議員（当時）の事務所で、私は壮大なダメ出しをされていた。

「ダメかな」

「全然ダメ。こんなの書き直しだよ。要望書にはきちんとした書き方があるんだ」

はげしくダメ出しをしていたのは、そーいちくんだった。

彼は同年代の大学生だけれど、友人のなかでは誰よりも政治に詳しく、議員の後援会の若手チーフなぞをやっていた。もともと浪人時代に、ふらりと国会でやっていたイベントに足を運んでしまったことがきっかけで、政治に強く関心をもつようになったらしい。

ＬＧＢＴが直面している社会問題を解決するためには、最終的には政治。尾辻さんの選挙をきっかけに、私はそう考えるようになっていた。

そこで、政治家の人たちに自分が考えていることをぶつけてみようと思い立ち、「どうやら、政治家にモノを伝えるのには、要望書というものが世界には存在しているらしい」ということを知ったので、それを手探りで書いてみたのだった。宛先と、自分の連絡先、そして「LGBTについて学校で教えてくださ い」という、まるで大学生協にメロンパンをリクエストするような一行を添えた要望書を……。

「あのねえ、まめた。要望書っていうのは、もっと細かいことを書いて、データとか困っている事例とかをちりばめるんだよ」

そーいちくんは、頭が痛い様子だった。

「細かいこと?」

「そう。もし『学校でLGBTのことを教えてください』というのであれば、たとえば文部科学省が出している白書とか通知とかを読んで、ここの部分に、こういう文言を含めてくださいだとか、そういうことが必要だよ。コンキョホーレーだって示していく必要がある。それに、学校で何を教えるかという学習指導要領を変えるのには、一〇年ごとの改訂のタイミングがあって、そこにLGBTを盛り込むというのは、とーっても壮大な話なんだよ」

「ふえぇ」

「やりなおし!」

そんなわけで、出直しを食らった。

コンキョホーレーというのは、いったい何者なのだろうと思って調べたら、根拠となる法令のことで、ＬＧＢＴ施策を進めるのにも、国のやっている元々の政策と関連づけて行う必要がありそうだった。こりゃ、けっこうな勉強をしないといけない、ということか。

帰宅すると、そーいちくんから電話があった。

「うちのボス（保坂議員）はさ、チャイルドライン議員連盟のトップをやっているんだよ。だから、いきなり法律をつくるとか、学校でＬＧＢＴを教えるだとかは難しいかもしれないけど、チャイルドラインのキーワードでやれることがないか考えてみたらいいかもよ？」

「チャイルドライン？」

「会報とか出していると思うから、調べてみて」

私は、さっそくチャイルドラインについてインターネットで調べてみた。

どうやら、一八歳までの子どもがかけられる専用電話のようで、全国各地にあるらしい。どんな話でもしっかり訊けるよ、というのがウリのようだったが、ＬＧＢＴについて相談員の大人たちがきちんと理解しているのかどうかは、よくわからなかった。

次に、国会図書館に出かけていくことにした。ここになら会報があると、そーいちくんから教えてもらったのだ。

「へえ、これがチャイルドラインの会報か」

さっそく資料を手にすると、まず目に飛び込んできたのは、相談件数の内訳だった。

なんと、もっとも多い件数は「性に関する電話」という内訳だったのだ。

「なぬ!? ひょっとして、チャイルドラインにはLGBTの子どもからの相談が、すさまじい件数でかかっているんじゃないか」

まるで鉱山を掘りはじめたところ、いきなり金脈を掘り当ててしまったような気分になったが、次の瞬間に悟った。

「性に関する電話」というのは、ほかでもない「エッチないたずら電話」のことを表しているようだったのだ。

つまり、思春期を迎えた子どもたちはエッチなことに興味をもち、いたずらをする相手としてチャイルドラインを選ぶことが多い、ということらしかった。

「そういえば、自分が小学生だったときも、そんなやつが友だちにいたなぁ……」

天井のやたらと高い国会図書館のなかで、私はかつて公衆電話から同様のいたずらを試みた同級生がいたことを、ぼんやりと思い出していた。

「エッチな小中学生め」

相談件数一位を誇っている「性に関する電話」のグラフをにらみつけながら、私はうめいた。

でも、ふと考えてみたら、このなかには真面目な相談もあるんじゃないだろうか。

生理がくるのが遅れているとか、ほかの人と自分の体を比べてしまうだとか、それこそLGBTに関する悩みごとだって、本当はこのグラフのなかに埋もれているのではないか。エッチないたずら電話と、ごちゃ混ぜになって――。

「わかった、これだ！」

解決すべき課題が、見えた瞬間だった。

まずは統計のとり方を変えて、エッチないたずら電話と、そうではない相談を分けてもらわなくてはいけないのだ。

教訓11

変えたいなら、まずは今あるものの勉強から。

チャイルドラインとつながりたくて

「まめくん、実は自分、こんどチャイルドラインで研修しないかって、言われているの」

友人のぶんちゃんからメールをもらったときには、とうとう自分が資料を読みすぎておかしくなってしまったのではないか、と思った。

別にテレパシーが通じたためではない。私が、自分のブログやSNSに「チャイルドラインおたく」のように、年次リポートを読んだ感想や、勝手な分析、妄想などを書きまくっていたためである（今から思うと恥ずかしい）。

ぶんちゃんはデザインの勉強をしていて、卒業制作でチャイルドラインの活動を紹介する冊子を作った関係で、よこはまチャイルドラインの代表だった徳丸のり子さんとコネクションがあるとのことだった。

「自分がトランスジェンダーだから、なにか話してって言われていて。でも経験ないし、一緒にやろうよ！」

もちろん大歓迎に決まっている。なにしろ、こちとら朝から晩までチャイルドラインのことで頭がいっぱいなのだ。願ってもないことだった。

そして大学四年生の夏。ぶんちゃん、そーいちくん、そのほかに知人の数名を誘って、指定された研修会場にさっそく向かった。

「私たち、正直いってＬＧＢＴのことについて、ほとんど知らないのよ。でも今日は、こんなに素敵な若者がきて、すごくうれしいです。みんなみたいな若者は、社会の宝よ」

出迎えてくれた徳丸さんは、とてもフレンドリーな方だったが、我々の研修はさっそくカベにぶつかることになった。

なにしろ、スタッフの人たちの反応は「そんな電話、受けたことがない」というのがほとんどだったのだ。

「いや、見えないけど、存在するんです」

「見える人には、見えるのです」

我々の説明は、まるで「となりのトトロ」について解説するかのように宙を舞った。

基本的にＬＧＢＴに関する相談には勇気がいるので、相談員がよほど「話せそうなオーラ」をかもし出していないかぎり、打ち明けることは難しい。

もし、相談員が恋愛に関する電話を受けたとして、勝手に「好きになるのは異性」と決めつけて「その彼は」「彼女は」などと対応したのなら、これは話せないと、同性に恋する子どもたちは思うだろう。

同じように、自分の性別に違和感のある子どもたちが「いつかは治る」などと言われてしまったら、二度と電話をかけてくることもない。

「恋愛の話を聞くときに、相手の性別を勝手に決めないようにしてくださいね」

「自分が男らしくない、女らしくない、ということでいじめられている子のなかに、トランスジェンダーの子がいるかもしれないという視点をもってください」

そう言っても、初めて聞いたという相談員のリアクションは、かんばしくなかった。

「もっとLGBTについて知ってもらわないとマズイよ」

スタートは「難あり」だったが、よこはまチャイルドラインと我々の関係は、その後もどんどん続いていった。

徳丸さんのアイデアで、チャイルドラインの会報誌に載せるために、LGBTの若者を集めた座談会がセッティングされた。相談員に向けた研修は翌年以降も行われた。そして、気になる「相談件数の内訳」についても、全国のチャイルドラインをまとめている本部のセンターに打診したところ、見直されることになった。あのダントツ一位だった「性に関する電話」は、「性の多様性」を含む五つの項目に、めでたく分けて集計されるようになったのだ。

きちんと統計をとるようになると、「性の多様性」の電話も、毎月のようにパラパラとかかってきていることもわかった。これでもう「電話がかかってきていない」とは言えなくなった。

こうした「見える化」や、何度も関係性をもっていくことを通じて、チャイルドラインの人たちのＬＧＢＴに対する意識も、確実に変わっていった。

教訓12
統計を見直すことで、見えてくるものもある。

ＬＧＢＴの自殺対策をすすめたい

「一緒に、ＬＧＢＴの自殺対策のロビイングをやらない？」

もともと「草の根ロビイング」に詳しい明智カイトさんに声をかけられたのは、大学卒業まで残りわずかの二〇一〇年秋だった。

ロビイングというのは、国会議員や省庁などに対して、自分たちの要望を伝えるために働きかけるという、いってみれば「政治・ど真ん中」ともいえる活動だ。元は、ホワイトハウスで喫煙できなかった大統領が、近くのホテルのロビーでニコチンを補充して上機嫌になっているところに、みんながあれこれ陳情したことに由来する言葉らしい。ニコチン、恐るべし。

とはいえ、私は政治がわからぬメロスに、ようやく毛が生えた程度（要望書にダメ出しをされたため）の状態である。

永田町ヒヨッコ、霞が関ヒヨッコもいいところだ。

必然的に、明智さんにいろいろ教わることになった。

「ロビイングっていうのは、特定の利権をもっている人たちが、それこそロビーにたむろしながら自分たちの権力で利益誘導したりするイメージがあるけど、草の根ロビイングはちがう。原則として『超党派』が大事だね」

「超党派？」

「そう。自民党から共産党まで、すべての政党に話をしにいくんだよ。特定の政党だけに働きかけると、その人たちの利益のために動くカタチに結果としてなってしまう。だけど自分たちみたいな市民運動を前に進めるためには、党利や党略みたいなのを超えて理解を広げていく必要がある」

メロスには、毛がもう少しだけ生えることになった。

ＬＧＢＴの自殺率がとても高いことは、すでに友人を何人か亡くしていた私にとっては身に染みてよくわかっていた。

「どうしてＬＧＢＴの問題が、今の日本で重要なのですか？」と訊かれたら、「人が死ぬから」と即答せざるをえないくらい、それは切実なことだった。

一緒に活動をすることになった明智さんも、一〇代の頃に、ゲイであることで自殺未遂を経験した当事者だった。

彼は私より一〇歳ばかり年上だったが、中学生の頃、「なよなよしている」「オカマ、キモチ悪い」といじめられ、不登校になったことがある。

教師に相談しても「男らしくないきみにも原因がある」、親に相談しても「学校に行け」としか言われず、高校進学してひきこもりになると、家族との関係はさらに悪くなった。

「同性が好きな自分は、女性として生きていくべきなのか」

情報がないなかで、同性愛とトランスジェンダーのちがいもよくわからず、家出をしてニューハーフ・パブで働いたこともあったが、女性の服が着たいわけでもなかった。そんな彼の葛藤は、親から理解されることもない。

「同性が好きなら、親子の縁を切ってやる」

そう言われ、受験も失敗した一九歳の頃、彼はとうとうビルの八階から飛び降りた。全治六か月。重症ながら、奇跡的に一命をとりとめた彼は、こう訴える。

「自分で死を選ぶことでしか、苦しさを伝える方法がなかった。そんな社会は変えなくちゃいけない」

明智さんと一緒に、国会議員や省庁をまわって、ロビイングを行う日々が始まった。団体の名前は、「いのちリスペクト。ホワイトリボン・キャンペーン」といった。

ホワイトリボンには、ＬＧＢＴの自殺を食い止めるという意味がこめられている。

目指していたのは、二年後に改訂が予定されていた「自殺総合対策大綱」という国の自殺対策のガイドラインに、ＬＧＢＴが自殺のハイリスク層であることと、子どもや若者の孤立を防ぐ具体的な政策を盛り込むことだった。

教訓13

ニコチンを使わなくても、ロビイングはできる。

たらいまわしはチャンスなの？

「ＬＧＢＴのこと、これは人権問題なんです」
「じゃあ、法務省ですね」
「子どもたちが学校で困りごとを抱えていて」
「それは文部科学省ですね」
「うつ病などのメンタルヘルスのリスクもあり」
「厚生労働省」

始まったロビイングは、どこの省庁をまわっても、最初からたらいまわしにあった。

この頃、国の施策でＬＧＢＴに関するものはほとんど存在しなかった。唯一あったのは、二〇〇三年に制定された「性同一性障害者特例法」*という、戸籍の性別の変更を一定条件で可能とする法律ぐらい。ゲイやレズビアン、バイセクシュアルといった性的指向（どんな性別の人を恋愛や性愛の対象とするのか）のマイノリティたちを、国の施策で具体的にどう扱うか、といったことはまったく想定されてこなかった。

＊ 性同一性障害者特例法
正式名称は「性同一性障害者の性別の取扱いの特例に関する法律」。戸籍の性別を変更する要件について定めたもので、婚姻してちゃダメ、手術してなきゃダメなど、要件のハードルがけっこう高い。

「この同性愛者というのは、性同一性障害とちがって病気じゃないんでしょ？　何に困っているの？　できれば、そういうややこしいのはあまりさわりたくないんだけど……」

これが、向かい合った官僚たちのホンネだったのだろう。彼らのうつ向いた顔には、「さわらぬ神に祟りなし」と書いてあるように思えた。

「自殺の問題が深刻なんです」

そう訴えても、まったく手ごたえがない。

いちど、官僚からこんな返事が返ってきたことがある。

「でも、その性的マイノリティという人たちについて、世間の理解がないでしょう？」

「はあ」

「世間の理解がないから、自殺対策に入れるのは難しいのです」

「いやいや、ちょっと待ってください。世間の理解がないから、自殺に追い込まれているんじゃないでしょうか？」

しかし、担当者にはまったく届かないようだった。

ガッカリしていたところ、励ましてくれたのは、当時知り合ったばかりの遠藤智子さんだった。

「なんだい、まめちゃん。たらいまわしはチャンスだよ！」

遠藤さんは、全国女性シェルターネットというＤＶ*被害者支援をしている団体の事務局長で、かつて配偶者暴力防止法（いわゆるＤＶ防止法）の制定を草の根ロビイングで実現したというスゴ腕の持ち主である。

「たらいまわしされたら、国会議員の前に官僚を全員呼び出して、同じことをもういちど言わせたらいいのさ。で、お互い押しつけあっている様子を見たら、議員の誰かが窓口をきちんとつくりなさいと怒るだろう。こうして扉がひとつ開く。これがロビイングってもんだよ」

なんだか、ものすごい話である。

そういえば、尾辻さんもかつての選挙のときに、こんな話をしていた。

「政治はな、じゃんけんやねん」

「じゃんけんですか？」

「そう。じゃんけんには、グーとチョキとパーの三つがあるやろ。これが、それぞれ市民と議員と官僚やねん」

尾辻さんは、手をそれぞれのカタチに握ってみせた。

「官僚は議員に弱い。議員は市民に弱い。で、市民は官僚に弱い。権力のバランスが、トライアングルみたいになってんねん。だから、もし市民が官僚を

＊　ＤＶ　ドメスティック・バイオレンスの略。交際相手など親密な関係性のなかで振るわれる暴力のこと。

動かしたいと思ったら、政治家を上手に使うことやな」

官僚がにっちもさっちもいかないのであれば、うまく政治家とつながるしかないのだ。

我々は「超党派」よろしく、すべての政党の議員をまわってLGBTの自殺対策について働きかけた。

「LGBTなんて耳にしたことがないし、正直よくわからない」

初めはそのような反応を示す議員でも、実際に、いかに自殺の状況が深刻なのかがわかると、おおむね理解を示してくれた。

LGBTについては、保守派からリベラル派まで、好き・嫌いはあるかもしれないけれど、「自殺を減らそう」ということについて反対する政治家はいなかったからである。

教訓14

「村」のルールは人に習うべし。

「性的マイノリティ」が施策に盛り込まれた日

政策を実現するために必要なものは、「やらない理由を、すべてつぶす」ことだった。

この時期、官僚たちが主に気にしていることが二つあった。それは世論とデータだ。

「LGBTの自殺対策について、世間の理解がないからできない」

「データがないからできない」

この二つが、政策をやらない理由としてひんぱんにもちだされていた。

データに関していえば、官僚にも政治家にもよく訊かれたのは、

「日本では年間三万人（当時）を超える自殺者があるが、そのなかでLGBTの自殺者がいったい何人出ているのか」

という、ある意味では答えようのない質問だった。

亡くなった人たちの性的指向や性自認が、遺書にすべて書いてあるわけでもない。すなわち、これは「もともと正確な数字など出しようがない」ことである。

でも、政策を実現するためにデータが必要なのはまちがいなかった。その意味で、自殺総合対策大綱の改訂にあたって、とてつもない存在感を発していたのは宝塚大学の日高庸晴教授だった。

日高先生は一九九〇年代後半より若者の自殺リスクなどの疫学調査を行ってきた研究者で、国内におけるゲイ・バイセクシュアル男性の健康問題についても数千人規模を超えるデータをもっていた。

先生の調査によれば、ゲイ・バイセクシュアル男性五七三一人を対象としたインターネット調査（二〇〇五年実施）では、全体の六五・九％が自殺を考えたことがあり、一四％が実際に自殺未遂の経験を有していた。

また、思春期における平均的ライフイベントとしては、一三・一歳の頃に自分がゲイであることをなんとなく自覚し、一七・〇歳のときにゲイであることをはっきり自覚するが、その前後である一五・四歳には自殺を初めて考えた経験が、そして一七・七歳で初めての自殺未遂が行われやすいことが指摘されていた（一九九九年調査、一〇二五人が回答）。

自殺総合対策大綱の改訂にあたっては、私が本書に書いているような「ホワイトリボン・キャンペーン」の働きかけだけでなく、日高先生のような研究者や、ＬＧＢＴ当事者からの相談電話を受けているＮＰＯなどさまざまな団体からの働きかけやデータ提供があったうえで、ようやく議論が進んだということを、ここにあらためて記しておきたい。

データがなくては、物事は前に進まないのだ。

さらに、世論も盛り上げる必要があった。

「世間の理解がないから、自殺対策に入れることができない」なんていう官僚たちの意見は、どう考えてもまちがっているが、それでもより多くの人たちにLGBTの自殺対策の必要性について考えてもらわないと、次のステップに進めないように思えた。

そこで、我々は「院内集会」という議員会館での勉強会や、誰でもこられるシンポジウムなどを企画して、このことを広く知ってもらうことにした。

自殺総合対策大綱の改訂まで、あと一年弱となった二〇一一年の秋。都内の公共施設を貸し切って、私たちは「公開シンポジウム2011　語られなかった生を見つめて～セクシュアル・マイノリティの自殺予防を考える～」と題したイベントを企画した。

当日は、日本の自殺対策における第一人者といえるNPO法人ライフリンク代表の清水康之さんや、LGBT支援に長年関わってきた臨床心理士で精神科医の平田俊明さん、そして一九九五年から中野で「レズビアンとバイセクシュアルのためのセンターＬＯＵＤ」（あの「おにいちゃんの時間」が開催されていた場所である）を運営してきた大江千束さんに登壇してもらった。

会場には九〇名ほどの来場者があふれ、席が足りなくなるほど。ここで胸を打たれたのは、後援団体として参加してくれた「よこはまチャイルドライン」の徳丸さんのスピーチだった。

「ＬＧＢＴのことについて、これまであまり知らずに活動をしてきました。でも、正しい知識を身につけていくにつれて、ＬＧＢＴの子どもたちがおかれた状況について、チャイルドラインとしてなんとかしたいと思うようになりました」

フロアからマイクを持って、徳丸さんは続けた。

「この前、ある一本の電話をとりました。その子は、とても暗い声で『私には、これまで誰にも打ち明けたことがない秘密があります』と言うんです。それは、同性の人を好きになったことだと。だから私は『素晴らしいことだね』と言いました。すると、その子の声がぱっと明るくなって、たくさんお話をしてくれました。そういう大人を、もっと増やしていく必要がありますね」

やってくれるぜ、徳丸さん。私は、心のなかで泣いていた。

シンポジウムが終わった後、明智さんがこう言っていた。

「生きていれば今日みたいな日もあるから、死ななくてよかった」

この日の様子は、大きく毎日新聞に取り上げられた。どこまでやれば、世間の理解が得られたと認められるのかは、わからない。でも、もう世論が皆無とは言わせたくなかった。

二〇一二年夏。改訂された自殺総合対策大綱には、新たに「性的マイノリティ」という文言が盛り込まれた。

「関係者の連携によって包括的な生きる支援を強化する」という箇所において、性的マイノリティであることが自殺の要因となりうることが指摘されたほか、一般市民や教職員に向けての普及啓発も盛り込まれた。特に、左記の一文が含まれたことが、とてもうれしかった。

〈(2)教職員に対する普及啓発等の実施
「自殺念慮の割合等が高いことが指摘されている性的マイノリティについて、無理解や偏見等がその背景にある社会的要因の一つであると捉えて、教職員の理解を促進する」〉

繰り返しになるが、大綱の改訂は、「ホワイトリボン」だけでなく多数の人たちが要望したことによって実現した結果だ。特に、当時の政権与党だった民主党議員の方がたが、すさまじい尽力をされたことも、ここに書いておきたい。死なせない、というのは人権施策のスタートラインとしては、あまりに悲観的と考えることもできるかもしれない。それでも、草の根のアクティビズムが無力ではなく、ときに大きな風を吹かすこともできる。それを痛切に感じた出来事だった。

教訓15
社会は、ときどき変わることがある。

草の根は続く

自殺総合対策大綱の改訂の後も、私たちはいろんな活動を展開してきた。「ホワイトリボン・キャンペーン」では、何を要望するのにもデータが必要だということを悟ったため、東京都の助成事業に手をあげて「ＬＧＢＴ学生生活調査２０１３」を実施した。

これはインターネットを使って、一八歳までの期間の大半を関東圏内で過ごしたというＬＧＢＴの人たちの、子ども時代の経験を尋ねるというものだ。

「やっちゃえ」

そう思って始めたけれど、統計調査というのは、思っていたよりも三〇倍くらいはハードなものだった。すでに大学を卒業し、社会人生活に突入していた私は、無料のウェブアンケートサービスを使いながら有効回答数六〇九名のデータを入手したのだが、結果として、毎晩半べそをかきながらエクセル＊の表をたたきつづけるハメになった。

師匠となってくれたのは、金沢大学人文学類の岩本健良准教授だ。

「自由記述が多いと、集計が大変すぎて死ぬんじゃないかな」

先生に優しく助言していただいたおかげで、エクセルの海で溺死《できし》せずに済んだ。

おかげさまで、一八歳までにカミングアウトした経験や、その相手（子どもたちの七割は同級生を相手に選んでいた）、さらにいじめ被害経験率などの膨大なデータを得ることができた。

その結果をまとめて記者会見をすると、全国紙から取材が殺到して、電話が鳴りやまない状況になった。

＊　エクセル　マイクロソフト社による表計算ソフト。

「文部科学省の調べた性同一性障害の児童生徒の実態調査は、回答数が六〇六人。でも、我々のは六〇九人。三人多いもんね！」

エクセルの呪いのせいで、もはや瑣末《さまつ》な数字「三」にとらわれるようになっていた春。八回目となる「多様な性にＹＥＳの日」がやってきて、朝日新聞の「ひと」欄の取材が舞い込んだ。

文部科学省とのバトルは、その後も続いた。

やがて自民党のなかに、ＬＧＢＴのことに関心のある有志議員のチームが発足し、表参道のおしゃれなカフェで交流会を開催したりするようになった。保守政党である自民党のなかにおいて、表立ってＬＧＢＴに関心があることを発言すると、かえってその議員は動きにくくなることも知った。これを書いている二〇一八年現在は、自民党のなかに「性的指向・性自認に関する特命委員会」という表立ったグループがあるので、また状況は変わったのかもしれない。

さまざまに動いてきたが、実現できていないことも山ほどある。

「学校でＬＧＢＴのことを教えてください」という、そーいちくんにダメ出しをされた最初の要望書に書いたことは、まだ実現できていない。

学校で何を教えるのかを定めた国の学習指導要領は、二〇一七年の春に改訂されることになっていた。私や友人の室井舞花さんが中心となって行った「教科書にＬＧＢＴをネットワーク」という団体のキャンペーンは、オンライン署名サイトchange.orgで二万筆以上を集め、メディアでもたびたび取り上げられたが、国は義務教育課程でＬＧＢＴについて教えることを拒み続けている。理由としては、おなじみの「国民の理解がないから」である。

残念ながら、学習指導要領の次回の改訂は一〇年後。すなわち、二〇二七年と推測されている。一〇年後に向けて、今からでもまた草の根の運動を広めていかなくてはいけないだろう。

やらなくてはいけないことは、たくさんある。でも、やれば進むこともある。一緒に声をあげてくれる人がいれば、想いがあれば、未来は意外と変わっているのかもしれない。

教訓16

未来は、これから。

第3章

一歩を踏み出すと、新たな世界が見えてくる

第一章ではおのれのボンクラな子ども時代を、第二章では「ほら、社会って実は変えられるんだぜ」ということを書いてきた。この章では、これまで描ききれなかった部分について書いてみたい。

すなわち、ひとつめは大人になった「現在の話」だ。

社会問題の当事者というのは、いつまで経っても当事者である。なぜか世間というものは、子どもの頃の苦労話などをすると、「もう大丈夫」とか「今では自分らしく生きています」といったハッピーエンドを求めがちなのだが、人生はそんなに単純じゃない。というか、ハッピーだろうが、アンハッピーだろうが、勝手に「エンド」にされては困る。いまだに困ることや、面倒くさいことや、どんくさいことはいっぱいあるけど、やっかいなことが全部解決しなくたって、それなりに悪あがきはしていけるんだぜ。

もうひとつ書きたいのは、第二章で描ききれなかった「脇道」のことだ。

社会運動というのは、大きな山を登ろうとしているのに似ている。遠くまで行こうとして、実際にてっぺんにたどりついて景色を見渡せるときは、そりゃあ最高だ。第二章では、そんな最高な瞬間のことをピックアップしてきた。

でも、本当の「山のよさ」というのは、山頂を踏むだけじゃない。リュックを背負い、ザクザクと山肌を踏みながら感じる森の匂い。冷たい岩肌のザラザラした感触。仲間と食べるココナッツサブレの甘さ。そういうことが、人間を山へと向かわせる。

活動だって同じで、山頂を踏むかどうかとは別に、自分たちの感じていることを口にしあい、一緒にみんなと時間を過ごすなかで生まれる、しみじみとしたよさがある。

社会運動なんて、きっと今のニッポンじゃ流行らないワードだろう。みんな、それぞれ毎日忙しいなかで暮らしている。社会を変えたいと思っても、しがない庶民にやれることは少ない。声をあげれば、自分だけが浮いてしまいそうだ。それでも「一歩を踏み出したほうがいい」と読者のみなさんに私がおすすめする理由は、本当は「脇道」にあるのかもしれないと思う。

社会は、たしかにときどき変えられるけれど、それ以上に、一歩を踏み出した後に出会える世界は豊かだ。

一歩踏み出してみれば、友だちに出会える。

一歩踏み出してみれば、自分を見つめなおすことができる。

一歩踏み出してみれば、絶望だって風景が変わる。

誰かと言葉を交わし、ご飯を食べ、帰り道に見上げた夜空がきれいだった。

そんなすべてが社会運動である。そんな「脇道」で感じてきたこと、今でも考えていることの一片を、ここでは拾い集めてみた。

カミングアウトという面倒

三〇代になった今でも、カミングアウトという行為が苦手だ。
私のように本を書き、人前でマイクを握っている人間の場合には、常に、あらゆる場面でカミングアウトして暮らしていると誤解されがちなのだが、私は今でも、話すタイミングと相手はだいぶ吟味するタイプである。だって、大変なんだもん。

カミングアウトは「言って終わり」にはならず、その後もきめ細やかなアフターフォローが必要だったりする。失礼な質問を食らうこともある。言ってから「やっぱ、やりなおし」と、なかったことにすることもできない。それゆえ、特に「職場でどうするのか」は、就職してからも、ずっと頭痛のタネだった。

先述のように、私はフルタイムでLGBTの活動をしているのではなく、「平日はしがない勤め人スタイル」で、ずっと過ごしてきた。初めて就職したのは、牛や豚の検査をする獣医師として。次は、ねずみやハチの相談を受ける専門職として。そして、現在ではオンライン署名サイトの運営会社で働いている。

今の職場は、トランスジェンダーであることをあらかじめ承知のうえで採用されている。それゆえ、特にカミングアウトをめぐって問題が生じる経験はしていないのだが、前の二つの職場は難しいところがあった。初対面の人に性別を訊かれたり、ちょっとした場面で女扱いをされたりしたときに、やっぱり「うげ」と思ってしまうのである。

ここで唐突にカミングアウトするかといえば、場を選ぶ。「ああ、そうですか」とはならずに、トランスジェンダーの解説に大幅な時間を割くハメになることが、とても多いからだ。せっかく話しても女扱いが続けば、がっかりする。話したことで、かえって偏見や差別のターゲットにされてしまうこともある。

今でも覚えているのは、初めて就職した職場にいた先輩のことだ。彼はゲイであることをフルオープンしていたのだが、日々セクハラのターゲットになっていた。

ひどかったのは、使用した後の「汗ふきタオル」をほかの男性職員からプレゼントされていたことだ。

「おめーが喜ぶと思って」

んなわけはないだろう、と思って先輩を見ると、困惑した表情で「やめてくださいよ」と苦笑を浮かべていた。

彼をかばう人も、彼のファンだという人もいた。だけど、セクハラを止める人はいなかった。なんとかしようと思ったが、当時の私は「新入り」で現状は変えられなかった。

結果として、ここの職場では、私はカメレオン化した。トランスジェンダーであることを多くの人に知られてはいたが、「給料さえもらえればオッケー」と割り切ることにして、性別に関するいろいろなことには目をつむることにした。

次の職場では、必要最低限の相手にしかカミングアウトしなかった。着ている服はメンズである。お客さんからは男性と思われることもあれば、女性と思われることもあった。登録上は、女性職員である。ややこしい。

これは、ちょっと面白くもあった。たとえば、おおっぴらにカミングアウトしていない状況で、お客さんから「ちょっと、あの男、出しなさいよ!!」なんてクレームが入ると、もう事件なのだ。

ある同僚は、「はい、遠藤さん」と取り次いでくれるが、ほかの同僚は、よけいなひとことを添えてしまう。

「あの者は、実は女性でして……」

すると、お客さんは大混乱に陥る。「え？　え？」なんて戸惑っているうちに、当初のクレームなんて忘れてしまい、本題に入った頃には、もともと激怒してやってきたクレーマーも「真顔」になっているのだった。

でも、笑っているだけで「何の問題もない」のかといえば、そんなことはなくて、やっぱり困ることも起きる。

まずは、なんといってもトイレだ。外出先では基本的に男子用トイレ、ないし男女共用トイレを使いたいと思っているのだが、最初二つの職場では女子トイレを使わないといけなかった。カミングアウトしたところで、男性の同僚に気を遣われて、男子トイレは使いにくいんじゃないかと考え「あきらめよう」と思っていたが、やっぱり女子トイレを使うのは屈辱的だった。

必然的に、混んでいない「地下」などのトイレを探すハメになるが、自分で自分に「女子」のレッテルを貼りつけているようで、非常に暗澹《あんたん》たる気持ちになる。

「おめえ、闘えよ」と脳みそのなかで声がするけれど、いっぽうでは、「どうせカミングアウトしたって面倒くさいし、金だけもらえればいいじゃねえかよう」とささやく自分もいて、二つの声に引き裂かれるばかりだった。

そして私の脳みそのどこかには、後述するニューヨークで出会ったレズビア

ンのおばあちゃんたちの、

「あんたたち、日本に帰ってカミングアウトしなさいよ！」

というセリフもこびりついていたのである。

「ゴー・バック・トゥ・ジャパン・アンド・カムアウト！」と彼女たちは力強く言っていた。こっちの事情なんて、全然聞いちゃいないのに。

ニューヨークのおばあちゃん

ニューヨークに行ったのは二〇一四年のことだった。

「ＬＧＢＴユースジャパン」という大学生たちの団体が、ニューヨークにあるＬＧＢＴ団体をまわるスタディ・ツアーを企画していて、そこに指南役として社会人ながらご一緒させていただいたのだ。

みんなでＹＭＣＡに泊り、朝は時差ボケのため五時頃に起床。毎日二〜三団体ほどをまわり、スタッフや利用者の話を聞いた。空き時間さえあれば、学生団体の名物「はてしないミーティング」が行われる。学生旅行なので、ほとんどがピザなど安いテイクアウトの食事だったのだが、最終日の前日に「頼むからステーキを食べさせてくれ」と懇願して、なんとかつじつまを合わせたことも、いい思い出だ。

二週間で相当な数の団体をまわったのだが、そのひとつが、ゲイやレズビアンのための高齢者デイケア「SAGE」だった。

この団体は、高齢のゲイやレズビアンたちが集まれる居場所をつくっており、カラオケなどのレクリエーションや、無料で夕食が食べられるプログラムなどを提供している。パソコン・ルームがあり、インターネットの使い方を教えたりもしているのだが、面白かったのは「出会い系の利用もOK」ということ。年をとっても恋愛やセックスに前向きでいいじゃないか、というポリシーが明確であるらしい。なかなかすごい。

ここで出会ったレズビアンのおばあちゃんたちも、相当に強烈なキャラクターの方がただった。

たとえば、八〇代だという二人は、

「あたしたちのなれそめは三〇年くらい前になるんだけど、それはともかく、初めて彼女がつくってくれたハンバーガーがめっちゃマズくてね！　日本の親子丼はサイコー」

「で、うちの犬もゲイなの！」

などと、思ったことをぽんぽん口に出し、あははと笑っていた。

このハードボイルド高齢者たちは、日本からやってきた我々に、

「あんたね、カミングアウトしたら失うものがあると思っているでしょ？

そのとおり」

「でも、そんなことは関係ねえ！　闘うんだよ、あんた！」

などと、問答無用にハッパをかけまくっていた。

こちらの事情も何も知らないのに、もっぱら言いたい放題。ようするに無責任である。

参加者のなかには、家族や友人に知られたら「文字どおり居場所がなくなってしまう」環境にある学生もいたので、少しぐらいは私たちの話も聞いてよと思ったのだけれど、おばあちゃんたちの言葉は、ずしんと重たいものがあった。

それは、彼女たちが一九八〇年代のエイズ・パニックの生き証人だったからだ。

仲間のゲイたちが次々にエイズの病魔に襲われ、弱り果て、命を落としていく時代を、彼女たちは生きてきた。エイズ・パニックとは、金持ちも貧乏人も、おしゃべりも無口も、みんながクローゼット*から引きずり出されて死んでしまった時代だ。

エイズは「ゲイのがん」と呼ばれていた。ＨＩＶ**に感染すれば、それは、そ

＊ クローゼット
自分のジェンダーやセクシュアリティを誰にも知らせない／知らせることができない状態を、押し入れに隠れている状態に例えて「クローゼット」という。カミングアウトは、そこから出てくるという意味(coming out of the closet)。

＊＊ ＨＩＶ
後天性免疫不全症候群（ＡＩＤＳ）の原因となるウイルス。陽性者の血液や精液、母乳、膣分泌液に粘膜が触れることで感染するが、コンドーム使用などで感染を予防することができる。画期的な治療法ができてからは、ＨＩＶに感染しても長生きできるようになったが、一九八〇年代は命を落とす人たちがとても多かった。

の人がゲイであることの隠せない印として認識され、美容院で髪さえ切ってもらえなかった。

そんななかで、弱り果てた仲間を励まし、抱きかかえて、スープをつくってあげたのが、このおばあちゃんたちの世代だ。

カミングアウトしなさいよ、というのは、エイズ・パニックの時代を生きぬいたおばあちゃんたちの遺産なのだ。

「あのな、別に、言わんでもいいから。あの人たちが生きてきたのは、そういう時代だったから。それぞれ人生はあるから」

訪問後に、泊っていたＹＭＣＡで、私たちは振り返りのミーティングをした。みんなはポツポツと、自分のしてきた経験や、友だちにキモチ悪いと言われたときの体験などを語っていった。その日は、テイクアウトのブリドーをつまんでいたと思う。

おばあちゃんたちが生きのびてきた時代を象徴する、「沈黙＝死」という有名なスローガンがある。カミングアウトして、性的少数者としての権利を勝ちとらないかぎりには、医療も福祉も手に入らなかった。病気に、社会に、沈黙に殺されないように、コミュニティは闘ってきた。そんな歴史の遺《のこ》した言葉だ。

時代は変わり、その後エイズは死の病ではなくなったが、今でもなお「沈黙

は私たちを必ずしも守らない」というのは、事実であると思われる。欲しいものを言えない、必要なことを求められない、傷ついたことを分かちあえない。そんな重苦しさと、断絶。

沈黙は、今でも、じわじわと人間を殺しているのかもしれない。

いまだに、不本意にも女子扱いされるとき、ここにはLGBTなど存在しないかのように会話が進むとき、私はカミングアウトすべきかどうか、ためらうときがある。言う・言わないは自分の権利だけれど、言うのにも言わないのにも理由があり、人生は自分で決められることばかりでもなくて、じたばたとする。

生きやすい社会って？

「ニューヨークというのは、きっと日本よりもずいぶん進んでいて、NPOにもお金がたくさんあってウハウハなのだろうな」と想像していたが、訪問して思ったことは、それはひとつの側面にすぎないということだった。

そりゃあ、高齢者デイケアのSAGEが無料の夕飯プログラムを提供すると聞いたときには、素朴に「なんで夕飯がタダで食べられるの」と驚いたし、多くのＮＰＯがきちんとしたオフィスをもっていることは、率直にいってうらやましいかぎりだった。でも、いっぽうでは「ショボくても頑張れます」ということを大切にしている人びとも、たくさんいた。

たとえば、ＬＧＢＴとガンについて取り組んでいるリズは、

「みんなもわかっていると思うけど、もっとも大切なのはパッションです。お金がなくたって、大きな仕事はできる！」

と、日本の私たちを励ましてくれた。

リズは、アメリカでもっとも影響力のあるＬＧＢＴ活動家一〇〇人のうちのひとりに選ばれたこともある人物だが、今でもセラピスト*として生計を立てている。活動だけじゃ食えていないそうだ。活動を始めてから六年間はまとまった助成金ももらえなかったし、今でも団体に事務所はない。

アジア系トランス女性として活動しているパウリーンは、最近ようやくフルタイムの活動家になれたという。それまで何十年間と、草の根っぽい活動をしてきた成果である。

「みんな、あんたたちみたいな感じだから、頑張れ」

と彼女は言ってくれた。

金があって頑張っている人たちを見るよりも、金がなくても頑張っている人

＊ セラピスト　世知がらい浮世において、人びとに癒しを与える職業。

たちを見るほうが、おおいに勇気づけられる。なんだ、自分たちと同じような人たちがニューヨークでも頑張っているじゃないか。

そして、ＬＧＢＴの問題を語るとき、一般に「日本は遅れていて欧米は進んでいる」と言われがちだが、同性婚が実現したニューヨークでも、まだまだ課題は山積みだった。

パウリーンと地下鉄に乗っていた夜のこと。彼女がトランスジェンダーであることを理由に、「あいつは男だろ、はっきりしろ」とイヤがらせをしてくる男性に出会った。パウリーンは聞かなかったフリをして、私たちとハグをし、次の駅で降りた。ひとことでも言い返したら、もっとひどい仕打ちをされていたかもしれなかった。

この街にはＬＧＢＴへのヘイトクライム*がある。特に狙われるのは、パウリーンのようなアジア系のトランスジェンダー女性で、殺人事件も起きている。二〇一七年にアメリカ全土で起きたトランスジェンダーへのヘイトクライムは、わかっているだけでも二〇件近くにのぼった。

ＬＧＢＴ団体が無料でご飯を提供できて、同性同士の結婚が可能となった社会。

いっぽうでは、ＬＧＢＴであるがゆえに命を奪われることのある社会。

＊ ヘイトクライム
特定のマイノリティ集団を差別と憎悪のターゲットとする暴力的犯罪。

ニューヨークは、日本と比べて「進んでいる」とは簡単に言えなさそうだった。

ニューヨークで同性同士の結婚を合法化させた団体のスタッフは、「平等には二種類ある」と言っていた。

「法的な平等と、生身の平等。結婚の話とかは前者だけど、トランスジェンダーの貧困や憎悪犯罪をどうなくすかなどは後者になる。『こういうルールにしましょう』という表面的なことだけじゃなくて、心の底から多様性について理解しないと、安心して生きられる社会はつくれない」

訪問中、子育てをしている同性愛者のための雑誌『ゲイペアレントマガジン』の編集長宅にもお邪魔した。

雑誌には、たくさんの私立学校が広告を出していた。ゲイやレズビアンの親たちを排除しないことは、その学校が「優れている」ことの証明となる。子どもがいじめられたらどうするのか、というゲイやレズビアンの親たちの心配に対して、「いじめられないような教育環境を金で買える」というアンサーが並んでいるようで、暗澹たる気持ちになった。

もし子どもが公立に進んだ場合にはどうするのか、と編集長に尋ねると、「家賃が高く、治安のよいエリアの公立学校なら、マシかもしれない」とのことだった。

政治的なライバルをねじふせるだけの力と、多様性というラベルのついた商品を買い求められるだけのカネ――その二つだけでは、こぼれ落ちていくなにか。

この「なにか」が、帰国してからずっと気になっている。

みんなに大切なトイレの話

日本でも最近、トランスジェンダーの使いやすいトイレについて話題になることが増えてきた。性別を問わない「誰でもトイレ」を増やそうとか、そこに新しいマークをつけようという動きがある。

どんなトイレが使いやすいですか、と訊かれたら、私はいつも「コンビニのトイレ」と答えることにしている。何がいいかといえば、「何も考えずに使えるところ」がいいのである。しれっと用を足したいだけなので、見慣れないマークがついていたり、「トランスジェンダーの人たちが使いやすいように」なんてレインボーの色がついていたりしないほうが、目立たなくて済む。レインボーの色がついているというのは、いちいちカミングアウトさせられるような気がして、若干ビミョーな感じがしてしまうのだ。ほかの誰もが使っているトイレに、「自分もたまたま入るんです」ぐらいの控えめな感じのほうがいい。

トランスジェンダーのトイレ事情は、主にその人の外見によって大きく左右される。私は自分の外見の「パス度」に自信がないので、男子トイレに堂々と入るのは、どこかで気が引けてしまうタイプだ。人がそんなに多くなければ、そこそこ使える。でも、やっぱりトランスだと知られたらどうしようと思うので、コンビニの男女兼用トイレがあれば、そっちのほうが気軽ではある。

男性ホルモン治療をして「パス度」の高い友人は、普通に男子トイレを使うが、その場合も立ちションが難しいので、それはそれで気苦労はあるという。いつも個室だと、「あいつは、いつも腹の調子が悪いのか」なんて心配されてしまうからだ。

でも、「そもそも」と思うのだ。トランスジェンダーにかぎらず、男子トイレのプライバシーのなさって、どうなのよ。

ＴＯＴＯの調査によれば、小学生男子の約四割は「学校では大便をしない」と回答。理由としては、「友だちに知られたくない」とか「友だちにからかわれる」といったものがあげられる。ＮＰＯ法人日本トイレ研究所によれば、小学生の五人にひとりは便秘状態にあるらしい。これらの状況をふまえて、神奈

川県大和市の教育委員会では二〇一六年から市立小中学校での男子トイレの「全個室化」に乗り出したそうだ。実は、こういう視点もトイレ問題では大切じゃないかと思うのだ。

私が個人的に感銘を受けたのは、台湾の市役所で見つけたトイレだった。

ここは、入口が「女子トイレ」「性別不問トイレ」に分かれている。女子トイレのほうは、通常どおり個室が並んでいるのだが、「性別不問トイレ」のほうは、さまざまな種類の個室がそろっている。なかをのぞくと、車いすや親子連れが入れる広めのトイレ、洋式の個室、男子小便器の個室などがあって、扉にそれぞれ便器の形のマークが貼ってある。もともとはトランスジェンダーの存在を念頭に考案されたそうだが、それだけではない。異性の介助者がいる場合や、娘を連れた父親が利用するとき、女性トイレが混雑しているときなど、さまざまなケースを想定して作られているようだ。

「ここは一般市民だけでなく、職員も使います。台北市ではLGBT施策をいろいろやっているけれど、まずは、職員も日常的に使うトイレから見直すことも大切だなと思って、始めました」

職員のコメントに私たちは感激し、もちろん記念に用を足してきた。

台北市の中学校では、男子トイレや女子トイレといった区分をなくして、ユニセックスかつ全個室化したトイレを増やす計画らしい。生徒たちの反応は良好で、先生たちは「家のトイレみたいに使ってもらえれば」とのこと。犯罪やセクハラが起きないようなプライバシーの確保さえできれば、別にトイレは男女別じゃなくてもいいんじゃないか？

また、今の男女別トイレのままでも、「ハート面」さえ変われば、なんとかなることもある。

私の友人のトランスジェンダー女性は、女性として生活を始めた頃、自分の外見に自信がなくて、どちらのトイレに入るかを悩んでいたそうだ。そんなとき、一緒に遊んでいた女友だちが、「こっち」と手を引いて女子トイレに誘ってくれたので、それからは安心して女子トイレに入れるようになったらしい。

そもそもトランスジェンダーたちがトイレに困るのは、「異質」と見なされることがトイレ空間においては「犯罪加害者」ぐらいのリスクを伴うためである。別に少しぐらい外見がちがう人が用を足していたって平気だ、となればいいのだけれど、そうなるのには時間がかかるのだろうか。

どんなトイレが入りやすいか、という議論はいろいろあれど、「トランスジェンダーと一緒にトイレに行ける人が増えれば解決する」というのは、ひとつの真理であるように思われる。

世界でもっともＬＧＢＴに厳しい国

ＬＧＢＴをめぐる状況は、国ごとによってまったく異なる。世界には同性同士で結婚できる国もあれば、同性カップルが処罰の対象になる国もある。このところ「世界でもっともＬＧＢＴに過酷な国」と悪名高いのは、アフリカ東部にあるウガンダだ。

私が初めてウガンダのことを知ったのは、二〇一〇年頃のことだ。きっかけはオンライン署名だった。その署名は、「ウガンダで同性愛者を死刑にできる法案が提出されようとしているので、署名して食い止めましょう」というものだった。

「ウガンダでは同性愛嫌悪が深刻で、政治家たちはＬＧＢＴを攻撃することで支持率を上げています」と説明されていたので、名前を書いてぽちっと賛同した。でも、それで世界が変わるとは思えなかった。

次にウガンダのことを目にしたのは、海外ニュースサイトだった。ウガンダの地元紙が、ゲイやレズビアンの実名や顔写真、住所などを一〇〇人分公開して、プライバシーをさらされた人びとが逃げ惑っているというものだ。地元紙は飛ぶように売れて、被害を受けた人たちは家や仕事を失ったらしい。このまじゃ、命も危ない。

そうした懼《おそ》れは、まもなく悪夢のような現実になった。ウガンダのゲイ活動家の父と呼ばれたデイビッド・カトーが、何者かに殺されてしまったのだ。

オンライン署名サイトでは、彼の殺害を糾弾し、犯人を早く捕まえるよう求める声明があがった。例によって私は、また名前を書いて賛同したが、心のなかは無力さでいっぱいだった。いったい、これに何の意味があるというの。

こういう事件は、よく起きる。まるでなにかの罰みたいに、悲しいことは世界中にあふれていて、私たちは毎日それを見聞きしなきゃいけない。私たちは戦争を止めることができないし、地球温暖化の影響で絶滅しそうになっているホッキョクグマを救うこともできない。いや、実際にはできるのかもしれないけれど、たいていのことは何もできないような途方もないことばかり。私たちにできることは、つらいニュースを見て、うなだれるだけ。

デイビッドが殺された頃、私はウガンダがどこにあるのかも知らなかった。

それから二年後、ひょんなことから、ウガンダのことをもういちど考えることになった。

きっかけは、たまたま二人の友人が同じタイミングで、ある映画のことを熱く語っていたことによる。

「日本で、『コール・ミー・クチュ』っていうウガンダの映画の上映会をしたいんですけど、誰か力を貸してくれる人いませんかね。ＬＧＢＴの人たちを映したドキュメンタリーで、すごく評判がいいんですよ～」

「留学先で、こんど『コール・ミー・クチュ』の上映会をやるからってみんなが盛り上がるなか、私ひとりだけ日本に帰国せざるをえなくて、非常に心残りなんです」

二人は、熱っぽく『コール・ミー・クチュ』について語った。

二人とも留学経験者で、英語がぺらぺらだった。そして翻訳ができる。

「よし、チーム組んで一緒にやろうぜ」

三秒ぐらいで、私は即答した。後に、おそろしい作業が待っていることなんて、そのときは想像もせずに……。

集まったのは、英語を日本語に訳す担当が四人、映像に日本語字幕を埋め込む担当が一人。合計五人。動き出したのが三月上旬で、初めての上映会は五月一七日の「多様な性にＹＥＳの日」に決めていた。つまり、実質二か月ほどしか時間はなかった。

もともとオンライン署名しかできなかった無念さが、結果として、プロジェクトを産むことになった。遠く離れたウガンダの人たちのためにやれることなんてほとんどなくても、ドキュメンタリーなら上映できると、我々のハートは熱く燃えあがった。

さっそく、映画の配給会社にコンタクトをとることになった。

「いったいどんな素敵な映画なんだろう。早く映像を見てみたいな」

「私も留学先のウワサでしか聞いてないんで、チョー楽しみ」

プロジェクトのメンバーは、わくわくしながら配給会社からの連絡を待つことになった。

このときは、まさか映像素材が届くのが五月に入ってからになる、なんてことは知るよしもなかった。

社会問題についている顔

四月に配給会社から送られてきたのは英語字幕の文章だけだった。映像はまだやってこない。オープニングのシーンを翻訳しようと思っても、映像がないので、およそ見当もつかなかった。

「『それがそれを押して、引いて、それってオスみたい』って、いったい何だ、この文章は？」

「早く映像こないかなあ」

渋谷の電源カフェでノートパソコンを並べながら、翻訳チームの作業は難航した。後に映像素材がやってくると、この冒頭シーンは、「ジーパンにとまった二匹の虫がお尻どうしをくっつけて、引っ張るほうがオス」であることが判明するのだが、そんなことがわかるわけがない。

「トイレットペーパーをもっとちょうだい。ペチャパイなんてイヤなの！」

このシーンは、映像が届いてはじめて、トイレットペーパーをドレスの胸に詰めこんでいる場面であることが判明した。虫に比べれば、全部マシだ。

「まだキャッサバが余っているんじゃない？」

キャッサバという耳慣れない食べ物も、映画のシーンにたびたび登場した。そもそもウガンダの人たちが何を食べているのかもわからない。図書館で『ウガンダを知るための53章』（明石書店）を借りてきて、地理や歴史をざっと確認する。キャッサバはウガンダの主食のひとつで、イモの一種。タピオカの原料にもなるらしい。ウガンダでは、ほかにバナナや米を主食にするそうだ。キャッサバを食べてみたい、と思いながら、パソコンと資料とを見比べる日が続いた。

映像素材は、それでもこなかった。とうとう、しびれを切らして「監督のアドレス」をグーグル*上で探すことになる。おそろしや。直訴《じきそ》の末、五月にようやく映像素材がやってきた。

いつもの電源カフェで、初めて冒頭の虫のシーンに日本語字幕がついたとき、翻訳チームは狂喜乱舞した。ほとんど、やけっぱちである。たかだか数分のシーンに字幕がつくのに、大量の時間を費やしている。わっはっは。

でも、笑ってばかりもいられなくなった。上映日を決め、もう広報も始めてしまった。それなのに、一週間前になっても作業が終わっていない。映像と字幕が〇・一秒ずつズレるという呪いのバグ**も発生。しまいには担当者同士キレながら、深夜三時頃まで作業して、ようやく完成させた。

当日になると、会場には大勢の観客が集まった。

『コール・ミー・クチュ』は、ウガンダのＬＧＢＴ活動家の父と呼ばれたデイビッド・カトーや、親友でレズビアンのナオミ、小さい頃から男の子のようにふるまってきたストッシュなどの日常や闘いを記録した映画だ。

デイビッドは、ウガンダで初めて公にカミングアウトしたゲイで、みんなのリーダー的存在だ。危険に身をさらしながらも、一〇〇人のＬＧＢＴ当事者の名前や顔写真を暴露した地元紙『ローリングストーン新聞』を裁判に訴え、い

＊ グーグル
ほとんど世界征服しているウェブ検索エンジン。

＊＊ バグ
プログラムの作動ミス。一九四〇年代に、蛾（小さな虫＝英語でバグ）がコンピューターにはさまり誤作動したことが、その由来とされる。

っぽうではみんなを笑わせる陽気な顔ももつ。

ナオミは、反同性愛の有名な宗教家を訪ね、レズビアンであることを隠して自分の意見をぶつけにいく。また彼女は、新聞に顔をさらされ居場所を失ったストッシュを支える。デイビッドが殺されたとき、悲しみに暮れるデイビッドのお母さんを支えたのも彼女だ。

ストッシュはボーイッシュであること、女性が好きであることから、「正しいことを教えてやる」と男性からレイプされた経験がある。妊娠し、やがて人工中絶せざるをえなくなったが、大人たちは「おまえがおかしいからだろ」と守ってくれなかった。そのときＨＩＶにも感染したことを、後に知ることになる。

「何度も自殺しようと思ったけど、すべて失敗した。たぶん、ひとつだけ生きる理由があるから」

淡々と自分の経験について語っていたストッシュは、このとき初めて涙で顔をゆがめた。

「私の話を聞きたいと思ってくれる人がいる。だから生きなくちゃ」

会場からは、たびたびすすり泣きが漏れた。

悲しいことばかりでもない。困難ななかでも、ウガンダのＬＧＢＴの人たちには生活があった。長年交際しているカップルを祝福するパーティ。友情や恋、家族の時間。たわいのない冗談に、口ずさむ鼻歌。

それは日本に暮らす私たちにとっても、同じように感情を動かされる当たり前の毎日だった。

上映会が終わった後、「ストッシュの言葉を、翻訳して日本で届けることができただけでも、この映画を上映してよかった」と思った。

ウガンダという遠くにある国の人たちの大変さと考えれば、とてつもない遠い話のように思えてしまう。ＬＧＢＴコミュニティが身近でない人にとっては、なおさらだ。それでも、デイビッドやナオミ、ストッシュといった人たちの顔を思い浮かべれば、物事はいっきに身近に感じられるようになる。

すべての社会問題には、本当は「顔」がある。一人ひとりの物語がある。それが思い浮かぶようになれば、世界中の無関心の数はもっと減るにちがいない。

映画はその後、全国各地で上映会がひらかれるようになり、ウガンダからのＬＧＢＴ難民を支援するプロジェクトも立ち上がった。各地の上映会での売り上げは、現在では難民キャンプの鶏小屋になっている。毎日、六羽の鶏が卵を産んでくれているようだ。

自分らしさという事故

「あと10年経ったら、なんでもできそうな気がするけど、やっぱりそんなのウソで、僕はいつまでもなにもできないだろう」というのはフィッシュマンズ*の歌詞であるが、私は一〇代の頃から、このやる気がまったく感じられないバンドの大ファンである。

高校生の頃から一〇年以上ずっと聴いていて、まったく飽きない。何がよいのかといえば、やる気のないユーモアと、温かさと悲しさなのだろう。こいつらにだけは心をひらいてよいだろうな、という気持ちになれる。

「自分らしさ」というのは、自己ならぬ事故である。それは自分が選びとったものではない。天から降ってきたり、街角でうっかり出会ってしまったりする何かだ。当然ながら、そのなかには当人にとって都合のよいものも、都合の悪いものも含まれている。

だから、「個性を大切にしましょう」とか「みんな自分らしく」といった言葉を無邪気に使っている人びとというのは、きっと物事の半分しか見ていないのではないだろうか。人がおのれを呪う瞬間の切なさ、苦しさ、愚かしさとい

＊ フィッシュマンズ
一九八七年に結成された日本のロックバンド。代表曲に「ナイトクルージング」「ロングシーズン」ほか。

うものについて、「そうだね」と言ってくれる人は希少なのだと思う。

ＬＧＢＴの市民講座に呼ばれるときにも、「自分らしく生きることが大切ですね」と言われたり、「誰もがありのまま生きられる社会」といった講座タイトルを提案されたりするけれど、本当に、いったいこりゃどうしたらいいもんだ、といつも内心思っている。「自分らしさ」なんて、半分以上は、呪いでコーディネートされているのに。

いっぽう「自分らしさ」の「もう半分」のことを分かちあえる人は、フィッシュマンズの音楽のように、こいつらには心をひらいてもいいなと思える。

「ありのままの姿見せるのよ、っていうけどさぁ、そしたら破滅するわ」

前にそう語っていたのは、「してもの会」という団体の友人Ａである。冬の夜だった。京都の鴨川沿いにあるハンバーガー屋で、店内にはＢＧＭで『アナと雪の女王』*の主題歌が流れていた。

「せやなあ。氷の城にこもれる財力があれば、日本社会で強く生きられるんかな」

別の「しても」メンバーである友人Ｂが賛同した。どう考えても「困ったセリフ」を口にしているのだが、どこかにユーモアが含まれていて、少し笑ってしまう。

＊　アナと雪の女王
二〇一三年公開のディズニー史上初のダブルヒロイン（王子様を女の子は必要としない！）作品。触れたものを凍らせてしまう魔法の力に悩む王女エルサと、妹のアナの絆を描く。主題歌の「LET IT GO」（邦題「ありのままで」）が大ヒットした。

「してもの会」とは、正式名称を「それが一人のためだとしてもの会」という集まりで、主に在日コリアンのメンバーが中心となって京都で活動をしている。やっている内容は、自分たちが日本社会の荒波のなかでサバイバルするための研究だ。

彼らの言う自分らしさとは、「真面目すぎる」「異性にちやほやされると喜びすぎて破滅しそうになる」「ガリベン」といった、それなりに困った要素が含まれているものである。

要約すると、「在日コリアンであるゆえに、差別されないように、なめられないように自分らしさも変形させられている」という悲痛きわまりない内省も多いのだけれど、なぜだか、個人の困りごとというのは、はっきり口にすればするほど、悲しみにユーモアの混ざったものになっていくのだ。

自分らしさについて世間が無邪気に語ることは、鴨川の水面のようにキラキラ輝いていて、だけど冷たくて、途方もなくて、終わりも見えないようなことだった。

けれど一緒にボヤいて笑ってくれる人がいれば、私たちは自分らしさという「事故」を抱えて生きていくことができる。

ねえ、あなたは、あなたの「自分らしさ」、好きですか？

それって、けっこう面倒くさかったり、投げ出したくなったりしませんか？

「個性を大切にしましょう」というスローガンの裏側で、ひっそりと私たちは生きづらさの悪口を言って、一緒に生きるための約束をした。

多数派よ、声をあげろ

大阪で働いていた頃には、よく京都まで遊びにいって、「してもの会」のみんなとご飯を食べた。鴨川の近くを、自転車を押しながら歩くのが好きだった。その「してもの会」のメンバーAが、「オリンピックが苦手なんだよね」と語りはじめたときのことだ。

オリンピックになると、やたら日本人は「ニッポン！　チャチャチャ！」などとはしゃぎだして、国旗を振り、ナショナリズム全開で盛り上がってしまう。この現象が、Aにとっては困惑するものであるらしかった。

なにしろ、少しでも水を差すコメントでもしようものなら、「この非国民！」などと、文字どおりどうリアクションしてよいのかわからないセリフまで飛んでくるのだ。

「でもさあ、こういう話を在日から聞かされて、日本人ってどう思うのかなあ」と、Aが日本人メンバーに尋ねようとしたとき、私はなぜか「在日コリアン枠」にカウントされていて、みんなが吹き出した。

「ごめん、まめちゃんが日本人だと思っていなかった」

Aが真面目に謝ると、ますますおかしくて、みんな笑った。私はうれしかった。Aにそこまで仲間だと思ってもらえることは光栄だし、「同じ」だと思われることが心地よかった。

でも、後になってから、「それでいいんだろうか」という気もしてきた。自分がズルをした気持ちになったのだ。この社会に暮らしている人間は誰しも、どこかにはマイノリティ性をもっているものだけれど、同時に、どこかでは絶対にマジョリティの側面をもっている。

私の場合にはトランスジェンダーというマイノリティ要素があるが、いっぽうでは日本人で、おおむね健常者で、正社員で、都会に住んでいるという「強いカード」をもっている。勉強だって得意なほうだったし、友だちだって多い。なんだか、書いていてイヤになってしまうぐらいだ。

「あなた、選挙いけるやん」「あなた、国立大学に入れたぐらい、偏差値高いやん」と言われたら、グウの音もでない。どうしよう。自分がトランスジェンダーだという話をしているほうが、ぶっちゃけ「気楽」である。多数派である自分について考えるのは、私はあんまり好きでないことが、どうやらここで判明した。

そもそも、自分が「日本人である」ことを知ったのは、「してもの会」の仲間たちと出会ってからだ。それまでの私は、自分が当たり前に暮らしていることが、別の人たちにとっては当たり前ではないなんて知らなかった。

たとえば、友人は「ネットサーフィンが怖い」と言っていた。ネットを検索すれば、凶悪犯罪から「ちくわの穴が大きくなったこと」までもが、韓国・朝鮮人のしわざということになっている。在日コリアンは生活保護を簡単にもらえるといった、「んなわけあるかい」というデマもネットには蔓延しているが、これを真実だと信じ込んでしまう人も多いようで、迷惑きわまりないらしい。

友人は本名で生活をしているため、「日本語が上手ですね」と褒められることも多いそうだ。そりゃあ祖父母の代から日本に暮らしているので、日本語はうまいに決まっている。でも、どこまで説明するかは迷うところだ。祖父母の代から日本で暮らしているというのは、わりと「穏やかでない」日本の近代史と結びついている。おじいちゃんも、おばあちゃんも、尋常ではない差別を受けてきて、なんとか家族を守ってきたのだ。でも、そんなストーリーを知らない日本人たちに説明するのも、まどろっこしい。

「日本人は、近代史ぐらいちゃんと学校で学んでほしい」と友人がこぼすゆえんである。

学校で教えてもらえないのはＬＧＢＴも同じだから、友人の気持ちを、自分のことみたいにわかる部分もある。

でも私は、やっぱり在日コリアンの友人たちとはちがうのだと思う。私は、友人たちとは異なり、いろんなことを問われることのない日本人だからだ。

こういう体験をとおして私は、日本人として在日コリアンの置かれた状況やヘイトスピーチの問題について声をあげないといけないんじゃないかな、と思うようになった。

今のところ、私がしていることといえば、ときおり在日コリアンの人たちと一緒にイベントをやったり、デマをつぶやいている人がいたら「正しい情報はこうですよ」とただしたり、といった小さなことぐらいである。大きなことはできないけれど、多数派の人ほど「見て見ないフリ」をしてはいけないんじゃないかと思うから、ちょこちょことやっていこうと決めている。

ＬＧＢＴの問題にせよ、レイシズム（人種差別）の問題にせよ、多数派がだんまりを決めているときには、差別問題は「声をあげているマイノリティＶＳマジョリティ」の構図になってしまう。そうすると、どうにも声をあげている

人たちへの風当たりは強くなりがちだ。当事者への風当たりを強くしないためには、いちいち当事者に語らせるまでもなく、「差別的」とおぼしきものには日頃からNOを言うことだ。

日常生活のなかでも、レイシズムやホモフォビア（同性愛嫌悪）に関する課題はまだまだあると考える人が多くなれば、きっと社会は今よりマシになっていくはずだ、と信じている。

配慮はたぶん答えではなくて

私が初めて就職したのは屠場《とじょう》だった。いわゆる「牛や豚をお肉にするところ」だ。

この職場、毎朝出社すると、玄関のところに自分の背丈を超えるであろう「おたがいの人権を尊重しましょう」という看板が、デーンと出迎えてくれるツワモノだった。

廊下にもトイレにも、あちこちに「差別的な落書きはやめましょう」というプレートが設置されている。先述したように、LGBTに対するセクハラなどは横行しており、「人権尊重」という看板がどこまで浸透しているのかはビミヨーであったが、とにかく、ここは部落差別*にもっとも近い職場だった。

ここには獣医師職として配属された。獣医というと、一般的には街で犬や猫を診るイメージをもつ方が多いだろうけれど、実際には「いわゆる臨床の仕事」をしない人たちも大勢いる。私の仕事は後者で、我々のいでたちは白衣よりも「武装」に近かった。

頭にはヘルメット。手袋を三重にはめて、長靴にエプロン。さらに腰には包丁が二本と、おまけに「棒やすり」も差している。ときにはチェンソーを使うこともあった。

そこに牛や豚（の臓器）が工場のラインでやってくる。すさまじい速度で流れてくる心臓、肺、肝臓、頭部、胃（1、2、3、4）、膵臓《すいぞう》、腸、あと腎臓。

それらを包丁で切り分けて、病変が見つからないことを確認する。内臓にポンと判子を押せたら検査合格。病気があると病名をチェックし、廃棄する。

切って、切って、切って、切りまくる。とにかく、ずっと解剖だ。

その光景は、さながら「必殺仕事人」といった様子であった（まぁ、相手はすでに死んでいるのだけど）。

この職場に入って二日目くらいに、「話があるから」と新人の獣医師が集められた。

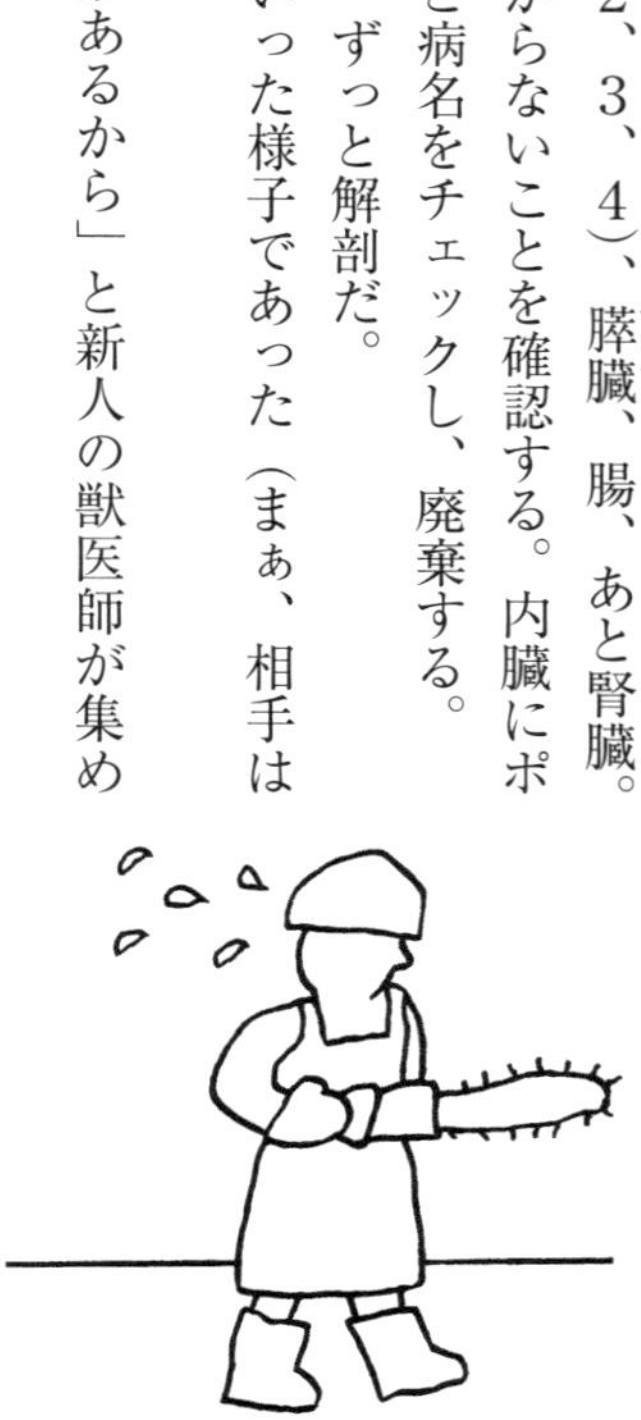

＊ 部落差別
ある地域にルーツをもつ人たちへの差別。食肉・毛皮産業に関連する地域に関係が深い。

「これはみんなのことを指すんちゃうけど、『くさい』とか言うのは、気いつけてほしいんや」

上司は神妙な顔つきで言った。

「たしかに現場は、においもするやろ。でも小さい頃から『くさい』といじめられてきた人間と、そうではない獣医師とでは、感じ方がちゃうねん。わしらが無邪気に『くさい』というのを、ほかの人たちがどういう苦しい思いで聞いているかもしれん。そのことを考えてほしい」

上司がこの話をしたのは、彼自身が同僚を悲しませてしまった経験があったためらしい。

仕事が終わった後にパチンコ屋に行き、同じ職場の人を見つけて軽口をたたいた。すると、同じく現場で働いていた人が、「にいちゃん、わしもくさいじゃろうか。自分じゃわからんのよう」と悲しそうに声をかけてきて、彼は言葉を失ったそうだ。

においだけではなく、「どこで働いているんですか」という単純な質問に答えにくい人たちもいた。自分だけでなく、家族も差別されるかもしれないのだ。部落差別のつらい経験をしていない獣医師と、そうではない作業員とでは、同じ職場にいたとしてもリアリティがちがっていた。

「トランスジェンダー生徒交流会」のときに、この話を京都の公立高校で教員をしている土肥いつきさんに、同じく「神妙な顔つき」で話したら、いつきさんは、てへっと笑って、「いつかは、みんなでくさいって言える社会になったらええな」と言った。

「今日はくさいな～って誰かが言うたら、それにまわりが、ほんまそのとおりやわ～って笑える日がきたら、ええやろね。はっは」

彼女は缶ビール片手に、肩をぽんぽんとたたいて台所に消えてしまった。部落差別を受けたこともない自分が、そんなこと、はたして言えるかいな。そう思って、私もサッポロ黒ラベルを受け取りにいった。

「トランスジェンダー生徒交流会」というのは、性別に違和感のある子どもたちと、主に飲酒している大人たちがごちゃっと集まり、一緒にご飯をつくって食べる集まりだ。

その日のメニューはコロッケで、八種類ほどの味が用意されていた。子どもたちは涙を流していたが、これは感動的な対話があったからではなく、玉ねぎのみじん切りのせいである。いつきさんはこのような交流会を、トランスジェンダーの生徒のみならず在日コリアンの生徒や被差別部落出身の生徒たちとやってきた高校教員であり、差別がどれだけ人を壊してしまうことなのかをよくわかっている方だ。

「みんなでください」と言えたら、ええやん」というのは適当そうに聞こえるのだけれど、おそらくは百戦錬磨で苦難を乗り越えてきたうえでの、適当さなのだと思われる。差別が人を壊すということが容易には分かちあえないなかで、あれをしてはいけない、これに気をつけなくてはいけないという「べからず集」だけが存在感を増していくが、「べからず集」をなぞったからといって、世界は温かい場所にはならないのだ。

いつきさんが交流会をしているのは、とりあえず酒を飲むとか、とりあえずコロッケを揚げるとか、とりあえず集まって人間の心の通う場をつくるということが、「べからず集」を超えたつながりを生むと思っているからなのだろう。

じゃがいも、カレー、コーン、ツナ、かにクリーム、かぼちゃ、コーンビーフ。この日、多様であったはずのコロッケは、すべて子どもたちによって「たわら型」にまとめて揚げられたので、完成時の判別はつかなくなった。

「どれを割っても、かぼちゃなんだけど……」

ボヤいて周囲を見まわすと、トランスジェンダーかもしれないわが子を初めて会に連れてきたという母親が、「どうぞよろしくお願いします」と深く頭を下げていて、その後ろを、子どもたちがゴキブリを追いかけてキャーキャーと走っていった。

カオスのなかで、私たちは差別と闘っている。

「男扱い」は、お好き？

ここ数年、LGBTについて注目される機会はどっと増えた。以前とは比べものにならないくらいで、新聞やテレビが普通にLGBTという言葉を使うようになったし、渋谷区や世田谷区をはじめとする全国の自治体では同性カップルの存在を認めるパートナー登録制度も広がっている。

「なんで、こんなに集まるんだろう……」と思うほど、講演先の大学の教室は埋まるし、市民講座にも人が集まる（いや、もちろん大歓迎なのですが）。

いっぽうで、男女間格差を表す日本のジェンダーギャップ指数*は二〇一七年時点で「世界ランキング一一四位」と、涙がちょちょ切れそうになるくらいに低い。女性議員がひとりもいない地方議会は全体の三割にものぼるそうだ。

「私はLGBTに興味があって……」と語る女子学生が、同じ口で「よく女子力ないって言われるんですよ〜、ははは」と笑っているのを見ると、「おいおい、まずはそこをなんとかしようぜ」と思うこともしばしばだ。実際のとこ

＊ ジェンダーギャップ指数
各国の社会進出における男女格差を示す指標。

る。LGBTどころか、まずはフェミニズムの基本から考え直すべし、といった場面は多い。

そもそもLGBTとは、社会の男女というシステムのなかで生きている人たちのことである。「性別のあり方は、あの大空にかかる虹のように多様です」というLGBT系お決まりのフレーズには、その解放感あふれるメッセージとは裏腹に、いつも「男女というシステム」がぺったりとくっついている。

たとえば、私の知人のひとりに、女性同士で長年交際をしてきたが、「食えない」という理由で、愛する彼女が男性と結婚してしまったという人がいる。地方で暮らし、結婚しないまま四〇代、五〇代と、非正規労働者として生活していくことに、彼女らは限界を感じてしまったようだ。女を愛する女というのは、性的指向うんぬんというより、「とにかく女」なのだということを、あらためて思い知らされるビターな話である。

同じく「LGBTの働きやすい職場」について考える都内のイベントで、スーツにネクタイ姿のゲイばかりを集めた「エリートゲイ」という集合写真が飾られ、物議をかもしたこともあった。「そりゃあんた、フツーに男性社会に溶け込めれば、エリートとして問題なくやっていけるかもしれんけどよ」という話である。スーツにネクタイという男社会になじめない男たちが、どんどんドロップアウトしている。そもそも女は、ジェンダーギャップ指数が以下略なのである。働きやすい職場は、いったい何処《いずこ》に。

こんなお寒い状況があるのだから、地方のレズビアンが直面しがちな悲劇をなくすのには、まず「女性全体の賃金」を上げる必要がある。全国どこに暮らしていても、女性がずっと働き続けられる職場を増やそう。職場における性差別をなくそう。こんな基本的なフェミニズムの課題だって、LGBT運動にとっては重要なのだ。

女性だけではなくて、男性だって「あるべき姿」に苦しんでいる。

たとえば、地方に暮らしているLGBT当事者からは、「結婚してこそ一人前」と周囲から言われ、望んでいないのに婚活サイトに登録させられてしまった話なども耳にする。これは、LGBTであるかないかといった問題ではない。自分のライフスタイルぐらい、誰でも自分で決めさせろ、というフェミニズムの基本すぎるテーマである。親戚の集まりで、「そろそろ身をかためないの?」と会話を振ってくるおじさんやおばさんを撃退すべし。話は、そこからだ。

トランスジェンダーにとって性差別というのは、かなりのリアリティがある。男性として働いているときの給料と、女性として暮らしはじめた後の給料がちがうということは、「よくある話」。女扱いされてよかったです、なんていう牧歌的なものではなく、同じ給料をよこせという話だ。その逆に、女として暮らしてきた人間が「男扱い」をされるようになると、やたらと褒められることもある。

私も経験済みなのだが、「同じこと」をしていても、私が男なのか女なのかによって、相手の態度がころっと変わることがあるのだ。

「自炊をしているんですよ」と言うと、女モードでは「ふうん」なのに、男モードでは大絶賛される。つくっているのは「豚の生姜焼き」程度なのに、いったい何なのだろうか、このちがいは。

定食屋にいけば、ご飯の盛られる量がちがう。せっかく男として扱われているのだから、お腹いっぱい食べたいところだが、そんなに食べられるわけじゃなくて残念だ。

女として暮らしていた頃には、「歩き方」「しゃべり方」「カバンの持ち方」まで、いろいろダメ出しされていたのだが、男だと思われれば、誰にも何も言われなくなった。

おまけに、女モードでは「このレズ」だの「変態」と言われそうなところが、男だと思われれば、こちらから口をひらかなくても、「それで遠藤くんは、彼女いるの?」と話題が振られるのだ。もし、男が好きだと口にしたら、どんなリアクションをされるんだろうか。恋愛の話ができるのは、そりゃあラクかもしれないけどよ……。

こんなとき私が心のなかでつくづく思うのは、「ああ、男扱いされてよかった」などという牧歌的なものではない。

いちいち男とか女とか言うなよ、というのがホンネのところだ。

「トランスジェンダーとして男扱いされたいですか」と尋ねられたら、「男扱いとか女扱いって、何ですか」と逆にその人に問いかけてみたいと、いつも思っている。できれば、「私」として扱ってほしい。

差別してしまうのは誰か

自分の無知をさらすようで恐縮なのだが、一八歳ぐらいになるまで、フェミニズムに対するイメージが悪かった。

私のなかのフェミニストのイメージは、テレビのなかでビートたけしに笑われている田嶋陽子*だった。彼女が何を主張していたのかは覚えていない。ただ、一生懸命に主張しているのに、みんなに軽んじられている様子が見ていられなかったのだった。

＊ 田嶋陽子
元法政大学教授でタレント、歌手。「たけしのＴＶタックル」「たかじんのそこまで言って委員会」などで、嫌われ者のフェミニスト役を演じた。

高校の授業では、上野千鶴子*の著作を読んだけれど、東大教授による「お勉強」みたいなイメージしかもてなかった。

それが大学に入って、イメージが一変した。ジェンダー学の授業で読んだベル・フックスの『フェミニズムはみんなのもの』（青弓社）が、とにかく面白かったのだ。

そこには、フェミニズムというのは「女性が男性に反対する」のではなく、「みんなが性による差別や抑圧や搾取に反対する」ことなのだ、ということが熱っぽく綴られていた。簡単に図式化すれば、フェミニズムとは「女VS男」ではなく、「性差別VSそれをなくそうとすること」ということである。もちろん男性だってフェミニストになれるらしかった。

「なれる」と言われたら、なってみたい。ミーハーな私は、興味をもった。

ベル・フックスが痛快だったのは、彼女がアフリカ系アメリカ人で、フェミニズム運動のなかでもしょっちゅう周縁化されてきたグループの一員だったからだ。「女同士だから分かちあえる」みたいなありがちなフレーズを、彼女はあんまり信じていない様子で、そこが気に入った。「女たち」とひとことで言っても、そこにはいろんな人種や階級、セクシュアリティの人びとがいる。そのことを忘れると、差別に反対しようとしながら別の人たちを差別するような

＊　上野千鶴子
東京大学名誉教授。日本のフェミニズム研究を代表するひとり。

ことが平気で起きてしまう。

たとえば、二〇世紀半ば。白人の比較的裕福な女性たちが「女たちにも仕事を」と要求していたとき、有色人種や労働者階級の女性たちは、とっくの昔から汗水たらして働いていたので、「おいおい。私たちは女じゃないんかい」とツッコミを入れざるをえなかった。当時のフェミニズム運動が求めていたのが「同じ白人の、同じ階級の男と同じ仕事」だとわかると、「残された」彼女たちがムカついたのは、いうまでもない。

こういう話は、今でもけっこうあるんじゃないかと思う。平等を求めているつもりが、気がついたら誰かを差別してしまっているのだ。

ＬＧＢＴ運動のなかでも、ゲイ男性のなかには女性に差別的な言動をしたり、無意識のうちに活動のリーダーを男性ばかりでかためてしまったりする人たちはいる。シンポジウムの登壇者の男女比に配慮したり、発言機会をひとつのジェンダーにかためないよう工夫したりしないと、ついつい私たちは、性差別的な環境を再生産してしまう。まるで息を吸って吐くように、こういう現象が起きてしまう。別に悪気はないのに、そうなのだ。

でも、意識的になれば、フェミニズム的な姿勢は身につけることができる。登壇者が男性ばかりだったら注意して代えるとか、「自分たちの声が聞かれていない』と抗議している人たちがいたら、ベル・フックスの描く二〇世紀半ばの有色人種の女たちのそれのように、耳を傾けるべき声かもしれないと立ち止まってみよう。

ベル・フックスによるフェミニズムの定義は、性別による搾取や抑圧、差別をなくそうとする運動のことだ。チママンダ・ンゴズィ・アディーチェ*の『男も女もみんなフェミニストでなきゃ』によれば、フェミニストとは、「そう。ジェンダーについては、今の社会でも問題がたくさんあるよね。なんとかしなきゃ」と言える人のことらしい。

私にとってのフェミニズムは、あるひとつの正しさを主張するときにも、そこで踏まれる人のことを大切にしなくてはいけないという教訓のように、今ではとらえている。

「イヤだ」と言っている人がいれば、その声に耳を傾けよう。女は長らく、社会システムにNOを言うことを許されてこなかった。男たちもそうだ。そして、その「女」やら「男」やらのなかには、さまざまな階級やセクシュアリティやジェンダー表現の人たちが存在し、結果として、ジェンダーのことを考えることは同時に、すべての差別についても考えていくことにつながっていく。

子どもの頃にテレビで笑われていた田嶋陽子のことを、ときどき思い出す。

＊ チママンダ・ンゴズィ・アディーチェ
ナイジェリア出身の作家。『男も女もみんなフェミニストでなきゃ』の元となったスピーチは、TED Talksでも見られる。
https://www.ted.com/talks/chimamanda_ngozi_adichie_we_should_all_be_feminists

自分があんなふうに笑われたらイヤだと思い、それだけの理由で避けていたけれど、笑われる女というポジションに彼女が立ち続けたこと自体は立派なのではないか。そう思うと、食わず嫌いをしていて悪かったかなと、ちょっとだけ反省する。

あなたはそのままで美しい（はず）

高校時代には、一刻も早く手術をしたい、ホルモン療法をしたいと願っていたはずだった。それにもかかわらず、なぜ、いまだに自分は何の身体的治療もやっていないのだろう。

この問いを、おそらく脳内で飽きるぐらいには繰り返してきたので、いまさら適切な答えを見つけようとするのは難しい。三一歳になった今、あらためてこの質問に答えようとするならば、それは「なりゆき」である。

日本では、性同一性障害の診断を二名の精神科医から受け、倫理委員会というところに申請をしてＯＫが出れば、その書類をもってホルモン療法やオペ（手術）ができることになっている。

私は二名の医者のゴーサインをもらい、倫理委員会からも書面をもらったが、あとはいざ病院に申し込めばいいという時点で一時休止している状況で、ここ五年くらいを過ごしている。

ときどき胸オペをやってくれる美容外科にリサーチにいって、

「ふうん、きみ、胸きらい？」

「まあ、そうです」

などといったざっくりとした会話を医師と繰り広げているが、値段や術式についてリサーチするだけで、いざ次にはなかなか進まない。

その理由として、主には家族の反対というのが強い。

うちの両親というのは、父が病気で入院した際に、まるで遺言のように「無駄な手術はしたらいかん」と言い聞かせてくるような状況なので、かれらの理解を得てからといった優しい子ども役割を担っているうちに、次のステップに進めないまま何年も経過してしまった。やるなら、極秘入籍ならぬ極秘乳腺排斥、略して「極秘ニューセキ」を行うことになるかもしれない。

大学時代には、学費や生活費を出してもらっている以上は強行するのが難しいかなと思い、社会人になってからと延期した。この時点での優先順位は、一位が卒業で、二位が胸をとることだった。

就職したら仕事や活動が忙しくなり、ニューセキは「銅メダル」に降下した。

そうこうしているうちに、月日が経つのは早いもので、あっという間に三〇代に突入。という具合で、現在に至る。まぁ近い将来には、オペをやっているのかもしれないけど。

この「身体違和」なのだが、そもそも、どの身体が「あるべき姿」なのかということは、トランスジェンダーにかぎらず、わりといろんな人が悩んできたことでもある。たとえば、『ちっちゃなパイパイ大作戦』*という、あまりにもB級映画っぽい作品を以前観たことがあった。このなかに出てくるアングラ・フェミニスト集団のメンバーは、もともとは美容外科の受付嬢をやっていたのだが、あるときから豊胸手術を申し込もうとする客に、「あんたは、そのままで美しい」と主張し、営業妨害を始める。

まぁこの映画はパロディだとしても、女性を対象としたあらゆる商業的な雑誌、映画、コマーシャルは、おおむね「女の身体とはかくあるべし。で、あなたはダメ」という隠れたメッセージを送っているのは確かで、メディアがやせた女性ばかりを扱うことは、摂食障害でたくさんの女性が命を落としていることとセットになっている。

日本のお笑いタレントである渡辺直美は、ぽっちゃり系の女の子たちに勇気を与えているが、このような例がもっと増えたらいいのにと思うばかりだ。彼

＊『ちっちゃなパイパイ大作戦』
二〇〇七年公開のアメリカ映画。監督は『Lの世界』で有名なジェイミー・バビット。ぱっとしない主人公のレズビアン女性・アナが急進的なフェミニスト団体に誘われ、どんどん過激化していくというストーリー。

女は大きいサイズのファッションブランドを立ち上げて、新しいスタイルの「かわいい」を提案している。関心がない人から見れば「ふーん」といったところかもしれないが、海外では彼女はとてもフェミニスト的だと評価されているのだ。身体というのは、戦場なのである。

身体が戦場だといえば、黒人解放運動だってそうだ。

黒人解放運動は、「白人こそがクール」という風潮に抵抗してきた歴史をもつ。アパルトヘイト*が行われていた二〇世紀の半ば頃、黒人たちは、白人のような外見を手に入れるために髪にストレートパーマをかけ、肌を明るい色に脱色する者も少なくなかった。こんな風潮にNOをつきつけたのが、南アフリカのカリスマ活動家スティーブ・ビコ**だ。

「おれたちを抑圧してくるやつらの一番の武器は、おれたちのもっている自己嫌悪なんだ」

彼はそう主張し、大真面目で「ブラック・イズ・ビューティフル」を説いた。

黒ってのは美しくて、賢くて、なんだってできる。そうだろう?

で、何を言いたいのかといえば、この流れからいけば、「当然ながらトランスジェンダーたちが語る身体違和だって、けっこうややこしい」という話である。

＊ アパルトヘイト
南アフリカ共和国で行われた、白人と有色人種を差別する人種隔離制度・政策。一九九一年六月まで続いた。

＊＊ スティーブ・ビコ
一九四六年生まれ。南アフリカでアパルトヘイト撤廃のために働くが、一九七七年、三〇歳の若さで警察の拷問により死亡。映画『遠い夜明け』では彼の闘いと、良心を貫いた白人記者の姿が描かれる。

世界はトランスジェンダーではない人たち、つまりシスジェンダー*の人たちによってほとんど構成されている。トランスジェンダーたちは、生まれた瞬間から三六〇度をシスジェンダーにぐるりと包囲されて暮らしていて、そのなかで「何が本物の男性か、あるべき女性か」ということを小さい頃からたたきこまれている。つまり「自分の身体がきらい」というセリフだって、社会が当事者に言わせているはずなのだ。

「きみ、胸きらい？」

「まあ、そうです」

という美容外科の医者との会話というのも、私がきっとアンドロメダ銀河のどこかの星に生まれた孤高のホモ・サピエンスであれば、成り立たなかった。三六〇度をシスジェンダーに囲まれる生活でなければ、ありえなかった。私たちの見る広告や映画、ドラマ、いろんなものはシスジェンダー中心主義的で、もうシスシスだらけで、死すなのである。

でも、それが社会的に構築されたものだとはいえ、今目の前にある身体は現実である。

「あなたはありのままで美しい」というフェミニズムのスローガンは、やせたい、脱毛したい、胸をとりたい、筋肉が欲しい、包茎を治したい、身長を伸

＊ シスジェンダー　トランスジェンダーの対義語で、生まれながらに与えられた性に何の違和感もない人のこと。「死すジェンダー」ではない。

ばしたいなどと切望している人びとにとっては、九五％の確率で、お説教ないし渾身《こんしん》のギャグにしか聞こえない。

だから、語尾にちょっと言葉を足して「あなたはありのままで美しい（はず）」とか、「あなたはありのままで美しい（はずだった）」などと、ちょっと笑える感じにしたほうが、「身体と社会」を語るときの距離としてはちょうどいい。

マイノリティが病気になると……

毎年四月一日はエイプリルフールだが、私が忘れられないのは二〇一五年のそれである。

「気分悪くなるかもなんで、寝ててくださいね～」

私の目の前には、「採血用」として試験管が一〇本あまり、それにジントニックのボトルみたいなのが二本並んでいた。

「このボトルにも、血入れるのかよ……」

寝ながら血液をしぼり取られ、病室に行くと、こんどはピンクのパジャマが待っていた。

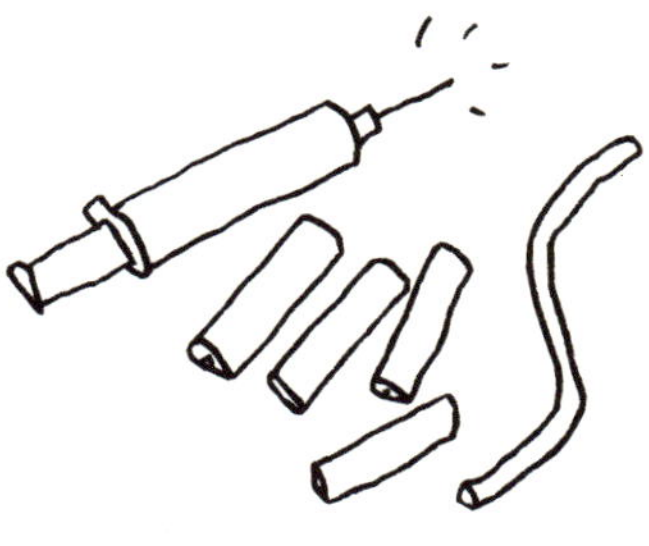

このとき、発熱が三か月以上続いていた。夕方になると三八度を超える。咳も止まらない。食べたり話したりすると、ケホケホとむせる。頭髪もなんだか薄くなった。友人たちには「気合いで男性ホルモン出てるんちゃうんか」と言われていたが、ようやく大学病院につながったところ、「緊急入院です」と言われた。その入院初日がエイプリルフール・デーだった。

いろんな検査をされたが、この日もっとも強烈だったのは止血時間測定だった。

まず、腕をカミソリで切られる。その次に、まっ白な濾紙《ろし》にひたひたと血を吸わされる。いちまい、にまい、さんまい。井戸に現れて皿を数えている幽霊のごとく、鮮血にびたびたに染まった紙が交換されていく。

「いったい、何の因果なのか！」

そう叫びたくなる思いを抑えながら、今日が四月一日であったことを思い出して、すべてはエイプリルフールのネタなのだと思って耐えしのぶ。

よんまい、ごまい、ろくまい。

「あれ～、おかしいですね」

四谷怪談の幽霊ばりのセリフをはきながら、検査技師は首をかしげた。

「血が止まんないんですね」

結局、一五分以上かかっても血液は止まらず、しばらく押さえてなんとか止血できたが、私の腕には強制リスカ痕が残ってしまったのだった。くっそー。

やがて、もろもろの症状から「全身性エリテマトーデス」という難病であることがわかった。この病気は、自分のＤＮＡを自分の免疫組織が「敵」だと認識し、猛然とアタックしてしまうというもので、一万人にひとりの割合で発症するらしい。

「ＤＮＡはおれの敵」

ひとことで表すと、どう考えてもダサい青春ムービーのようだった。やれやれ。

さらに、病気の性質上、紫外線に当たってもいけないらしいことがわかった。日焼けは禁忌《きんき》。つまり「太陽はおれの敵」。おれは、日曜洋画劇場なのか。

当たり前のように部屋は男女で分かれており、女性部屋に入れられた。病院に置いてあるパジャマはピンクと青の二種類で、ごく当然のようにピンクを割りふられた。

いつもだったら、抵抗しようとの気力が湧きあがったはずだ。でも、このときの私はちがった。つまり、そもそも「会話するエネルギー」がなかったのである。

パジャマの色がピンクだろうが、大阪のおばちゃん風ヒョウ柄であろうが、タイガース柄であろうが、とりあえず眠りたくて仕方なかった。エイプリルフールみたいに、具合が悪かったからである。

次の日になると、ステロイドの大量投与が始まった。

またたく間に汗をかいて、背中もズボンもびっしょりになるのに、こんどは体の震えが止まらない。暑いのか、それとも寒いのかわからず、ピンクパジャマを三回も着替えた。薬を飲みはじめてからは、副作用で夜は眠れなかった。

やがて、家族と一緒に病気の説明を受けることになった。

静かな部屋で、主治医は語りかけた。

「この病気になると若い女性の方は心配されるんですけどね、病態が安定すれば子どもを産むことも可能ですから」

「はあ」

カミングアウト済みである両親は、しらけていた。

「希望を失わないでもいいですから」

「あー、はい」

子ども、産まないっつうの。

次に、主治医は投薬についても説明した。

「このステロイドを飲むと、体毛が濃くなります。若い女性の方はイヤだと思うんですけど……」

その瞬間、目の前の患者がニヤリとしたのに、主治医が気づくことはなかった。病気や治療法の説明にもジェンダーがからんでくるなんて、健康なときには考えたこともなかったけれど、なってみないとわからないことはあるんだな、と思った。

主治医にカミングアウトした理由

入院は一か月以上におよんだ。ステロイドの副作用によって全身の毛が濃くなると、ヒマをもてあましていた入院患者は喜んだ。

「ほら、腕の毛も濃くなりましたよね」

誇らしげに主治医に腕をさらけだすと、彼は申しわけなさそうに「徐々に薬は減らしていきますから」と言う。これぐらいのすれちがいなら笑える程度で済むが、ついに、笑えない問題が勃発した。

それは治療法をめぐる話だった。かいつまんで言うと、以下の二つの選択肢のうち、後者を選ぶように医師から提案されたのだ。

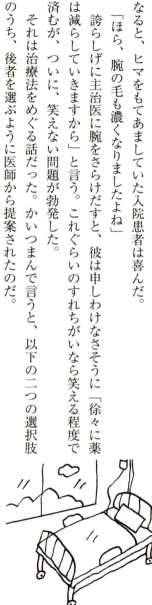

プランＡ「格安スタンダードコース（※ワケあり）」
国内で行われてきた標準的な治療。ただ、卵子に悪影響を与える可能性があるため、アメリカでは若い女性には推奨されていない。

プランＢ「プレミアム優しさコース」
アメリカでの標準的治療。卵子にも優しく、安心して妊娠・出産できる道をひらくもの。ただし、日本では認可されていない薬であるため、治療費は衝撃のお値段となる。

主治医は、ウン十万円も治療費がプラスされる選択肢をすすめてきた。

「遠藤さん、まだ若いし、子どもを産む可能性を考えると、ちょと高いけど後者をおすすめしたいんですよね」

「いやあ、子どもとか産むことないんで、通常の国内の薬でいいですよ」

「またまた〜。いい人に出会うかもしれないじゃないですか？」

「いい人には出会いません！」

「あはは。でも、気持ちは変わるかもしれないし。考えておいてくださいね」

よくよく考えるまでもなく、自分の使わない生殖機能のためにウン十万円を使うのはバカげていたので、結局、次の日にカミングアウトすることになった。

「あの～薬の話なんですけど、自分はトランスジェンダーで妊娠も出産もしたくないから、そういう配慮はいらないんですよ」

主治医の反応は、あっさりとしたものだった。

「あ、そうですか。じゃあ、薬は通常のやつにしましょう。それとも、卵子凍結とかして女性のパートナーに子ども産んでもらいますか?」

「そういうのはいいです」

「あ、そうですか」

ついでに、気になっていたことも尋ねてみた。

「この先、自分が男性ホルモン療法をした場合、この病気が悪くなったりすることはありますか?」

「それも調べておきますね」

カミングアウトしてからは、訊きたいことがなんでも訊けて、とてもラクだった。なんだかんだ、かなりよいドクターにめぐりあえたのではないかと思う。

その頃には、ピンクパジャマの憂《う》き目を見ることもなくなっていた。自分のパジャマを病院のコインランドリーで洗濯するぐらいには元気になっていたし、おかげで友人たちを病室に招くことも可能になっていた。さすがに、ピンクパジャマ・ゾンビ状態で誰かに面会したいとは思えなかった。

この状況を考えてみると、カミングアウトを含めて、自分が主体的にコミュニケーションをとれるかどうかは、結局のところ「体調」に左右されているのだなと思った。人間、自分の意思を表明するのにも、かなりの体力や気力、その他のエネルギーを使うのだ。

ＬＧＢＴの友人たちを見まわしても、「いざ」となってから意思表示することの大変さというのは、やっぱり実感する。ある友人は、手術の前日になって恋人を両親に紹介するというハードな経験をした。同棲している恋人が家族として手術に立ち会うにあたって、どうしてもそのタイミングでしかカミングアウトできなかったのだという。

あらかじめカミングアウトしておいたほうが、いざとなってから言うよりはラクだ。

でも、人間そう簡単に「備え」ができるものでもないし、カミングアウトできる人ばかりでもないから、なかなか難しい。

近年はＬＧＢＴの人たちが安心して医療機関にかかれるように、病院側が工夫をしているところもある。同性パートナーも家族として病気や治療の説明を受けられたり、手術の同意ができたりするところも増えている。健康なときには特に気にならなくても、いざというときにすごく困る人もいるだろうから、医療機関での取り組みには大いに期待したいな、と思っている。＊

ちなみに、これを書いている今では、おかげさまで病気は寛解していて、ほとんど症状もないので、現代医学には感謝したい。病気の悪化を防ぐために、いまだに「太陽はおれの敵」だけど。

ＬＧＢＴとその家族

高校時代に初めてカミングアウトしたとき、家族の反応はきわめてビミョーであった。

母は「なにかのまちがいであってほしい」と言い、私が性同一性障害を専門に扱うジェンダークリニックを受診することは認めてくれたが、それはあくまでも「勘違いであることを示してもらえるのでは」という期待にもとづくものだった。

訪れた一軒目の精神科医は、「薬を飲みなさい」と言った。

「性同一性障害の人は、みんな鬱《うつ》なので、精神安定剤を処方することにして

＊　ＬＧＢＴと医療・福祉
ＬＧＢＴの人たちが医療や福祉の領域で直面しやすい困りごとや、どういう工夫があると助かるかなどをまとめた冊子が発行されている。作成：ＮＰＯ法人ＱＷＲＣ（http://qwrc.org/2016iryoufukushicmyk.pdf）

いる」

絶対にヤバイだろと思って、二軒目のクリニックを受診した。

「きみ、自分史って書いてこられる?」

「今夜中に書けます」

「いや、診察日は来月だから。それまでに持ってきてくれたらいいから」

ここでは、数か月で診断が下りることになった。どうやら一軒目の病院は、問題があることで有名だったらしい。

診断が下りたとき、母は「三軒目の病院を受診したらどうか」と言ったが、もう病院探しはウンザリだった。

父の場合には職場にトランスジェンダーの人がいたそうで、比較的落ち着いているようだったけれど、身体的治療には反対した。

こんな状況だと、性別に関する話題というのは「腫れもの」になってしまう。たとえば買い物をするのも、ひと苦労だ。母はレディースのボーイッシュっぽい服を探そうとするが、私はメンズの服を探したい。

店員に、「この子は女の子っぽい服より、青とかグレーとか、ゆったりしている服が好きなんですけど、いいのないですか」と尋ねている母を見て、ツッコミを入れそうになったこともある。私が好きなのは、緑色なんですけど!

でも、こういう話は珍しいことではなくて、ＬＧＢＴの家族会などではよく耳にすることだ。親たちは、すぐに子どもを受け入れられることもあれば、戸惑うこともある。子どもに買ってきた服を「んなもん着れるかよ」とキレられ、思わず親のほうもキレ返したとか、そういうケンカの話も飛び出る。感情の発露ができるほうが家族としてヘルシーなのかなと思うけれど、はげしいやりとりがおたがいを疲弊《ひへい》させるのも事実だ。こういう時間というのは、当人たちにとっては、なかなかつらい。

私が運営に関わっている「にじーず」という一〇代から二三歳ぐらいまでのＬＧＢＴ系ユースのグループでも、家族の話はよく出てくる。

「家族へのカミングアウトについて、どう思う？」

そう尋ねると、たいていの場合、みんなのテンションは下がる。

自分の父親はオネエタレントをテレビで見かけると「ぶっ殺す」と言うので絶対にムリだとか、先祖代々引き継がれている「裏山」を引き継ぐために結婚しろと言われるとか、多くの子がけっこう傷つく経験をしている。裏山よりもあんたの人生のほうが大事だ、と伝えるようにはしているが、結局かれらが帰っていくのは家族のもと。ここが変わらないと、かれらの気持ちは救われない。

子どもというのは、子どもであるだけで、ときどき理不尽だ。

うちの家族の場合には、カミングアウトから一〇年以上経つが、いまだにLGBTに関する話題は気軽には出せない雰囲気がある。

友人の結婚式に参加するのに、メンズのスーツを着ようとしたら、母がレディースのカバンを持たせようとしたり（かえって変だからやめてほしい）、いっぽうで宇多田ヒカル*の新曲がLGBTをモチーフにしたものだとNHKの番組で情報を仕入れたら、うれしそうに報告してくれたりする。

父は就職祝いに時計を買ってくれた。親と買い物にいくのはなるべく避けたいと思っていたが、普通にメンズのコーナーに連れていってくれたのは、純粋に心打たれるものがあった。

差別問題を語るとき、家族というのはもっとも難しいテーマのひとつになりうる。『差別と日本人』（辛淑玉・野中広務著、角川oneテーマ21）のなかで、在日コリアンの辛淑玉《しんすご》**は、自分がカミングアウトしてメディアに出ることが、日本社会でひっそり暮らしたいという家族の願いをかき乱してしまうことについて触れていた。

「これからは本名を名乗ろう」と彼女が口にすると、母は不安のあまり薬を飲まないといられなくなってしまったのだという。彼女の語りに応じるカタチ

＊　宇多田ヒカル
シンガーソングライター。一五歳でデビューし、ファーストアルバム『First Love』は累積七六〇・五万枚と歴代売り上げ一位を記録した。

＊＊　辛　淑玉
在日コリアン二世。ヘイトスピーチと民族差別に反対する「のりこえねっと」共同代表。

で、対談相手の野中広務*は、自分が被差別部落出身者であることを知られているために、子どもがやっている演劇の舞台には絶対に自分は顔を出せないのだと語る。子どもが頑張ってきたことが、部落差別によってめちゃくちゃになることを恐れているためだ。

「親が受け入れても、子どもが幸せにならないと意味がないんだよね」

ゲイの息子をもつ、ある母親はこう語っていた。

「私がいくら受け入れたって、子どもは社会で生きていくんだから、その社会が変わらないと仕方ない。だから、社会が変わってほしいと思うようになった」

彼女はそう語り、LGBTについて知ってもらう活動に関わるようになった。社会が変わらなくても家族が受け入れていれば大丈夫、なんてことはない。社会が変わらないと、家族も結局「大丈夫にはならない」のだ。

「にじーず」にきている子たちが、帰りぎわに、そわそわしていることがある。

「今日どこに遊びにいったのかを、お母さんに何て言おうか」

それを見ていると、活動を始めたときにはノー・フューチャーだった自分にも、キング牧師めいた夢が湧いてくる。

＊野中広務
元自民党幹事長で「政界のドン」。保守のなかのハト派として知られる。二〇一八年一月、九二歳で死去。

私には夢がある。

それは、いつの日か、かれらがウソをつかずにＬＧＢＴコミュニティに安心して足を運べて、ＵＮＯやカードゲームでだらだら遊べるようにすることだ。

時代はこの一〇年でもずいぶん変わったので、「いつの日か」じゃなくて、早くそんな時代がくるといいなと願っている。

あとがき――終章にかえて

この本を書くのには思いのほか時間がかかって、その間に職場が変わることになった。

新しい職場は、「Change.org」*というソーシャル署名サイトを運営している団体である。ここでは、社会を変えたいと考えている個人が、誰でも署名キャンペーンを開始し、世論を盛り上げることができるというサービスが無償で提供されている。

私の仕事は、このようなキャンペーンのサポートをすること。反響を呼びそうなトピックに対して、どうやったら共感が広まるか、効果的な戦略は何かを一緒になって、あーだこーだと考えている。ＬＧＢＴの運動をとおして培ってきたことが、ほかのテーマにも応用できるのはうれしい。

立ち上がるキャンペーンには、本当にさまざまなものがある。

高畑勲監督**作品『平成たぬき合戦ぽんぽこ』の舞台になった四国の金長神社

* Change.org
変えたい気持ちをカタチにするためのソーシャル署名サイト。運営は会員からの募金でまかなっているため、登録していただけると筆者が喜びます。
http://www.change.org

** 高畑 勲
スタジオジブリのアニメーション監督のひとり。代表作に『火垂るの墓』『かぐや姫の物語』などがある。

が取り壊されて駐車場になるのを食い止めたい。紛争や災害下にある女の子たちにも教育を保障するよう政府に声をあげよう。あるいは、殺処分される犬や猫を助けたい。いろんなキャンペーンが立ち上がるのを見ると、世界にはまだまだこんなに課題があるのかと思わされるいっぽうで、声をあげる人たちのパワーにも励まされる。

二〇歳の頃、楽器屋に貼ってあったジョン・レノン*のポスターには、こんなフレーズが添えられていた。

「世界から悲しみは無くならない。だけど愛だって無くならない」

ジョン・レノンが凶弾に倒れたときから、世界がどれくらい変わったんだろうか。これを書いている今、アメリカでは高校での銃乱射事件が話題になっている。若者たちが主催した銃規制デモには、七五歳になったポール・マッカートニー**が「親友を亡くしたひとり」として参加していた。何歳になっても声をあげなきゃいけないなんてロクな社会じゃないのかもしれないけれど、何歳になっても声をあげるポールは、やっぱりロックだと感心した。

つまらないギャグはさておき、本書ではここまでトランスジェンダーである人間が、どうやってジタバタしてきたかを書いてきた。

＊ ジョン・レノン　ビートルズのメンバー。ビートルズ全盛期にオノ・ヨーコと出会い、愛と平和を追い求める作品を次々に発表。時代を超えて歌い継がれている。

＊＊ ポール・マッカートニー　ビートルズのメンバー。ベース、ギター、ピアノ、サックスなどさまざまな楽器を弾きこなし、「ポピュラー音楽史上最も成功した作曲家」としてギネスブックに載る。ビートルズ全盛期に死亡説を流されたことも。

マイノリティをテーマにした本は、やたらに「多数派が理解を深めるために」みたいな体裁になりがちだけれど、この本は読者が知らず知らずのうちに「自分もマイノリティかも……」と思いはじめ、なんらかの巻き添えを食らうことを目的とした本である。別にLGBTじゃなくたって（LGBTの人びともこの本を手にとっていると思うけれど）、私たちはひとりの人間であるかぎりは、どこかマイノリティの部分を抱えている存在だ。まわりのみんなとちがっていても、どこかには居場所はある。何かがおかしいと思ったときに、声をあげる方法もある。巻末には、付録として自分が参考にした図書や影響を受けた映画などを紹介してみた。この本が、誰かの、何かのきっかけになれば、筆者としてこれ以上にうれしいことはない。

本書を執筆するにあたり、はるか書房の小倉修さん、デザイナーの丸小野共生さんにはたいへんお世話になりました。また、本文中に登場するみなさま（ときどき、いじり倒してすみません）には、今後ともご指導よろしくお願いします。（なお、私の知人を除き、著名な方がたの敬称は略させていただきました。）

二〇一八年六月

著　者

〈付録〉 本書を手にとった方へのおすすめ作品

◆第1章に関連して

大槻ケンヂ『グミ・チョコレート・パイン』（角川文庫、一九九九年）

一日に三回のオナニー以外に何もできない少年の悲惨さを描いた青春の名作。自分はどうしようもないなと思っている若い人たちに、すべからく薦めたい。

中島らも『バンド・オブ・ザ・ナイト』（講談社文庫、二〇〇四年）

麻薬のおっかけをしていた作者の青春を描いた自伝的小説。「自分は人としてこう生きなきゃ」とか「世間の常識に合わせなきゃ」と思っている人間が読むと、脳みそのネジがゆるむと思う。

志村貴子『放浪息子』（BEAM COMIX）

性をめぐる子どもたちのゆらぎを小学生から高校生まで描いた名作マンガ。主人公の二鳥くんはセーラー服を着て登校すると笑われるのに、高槻さんは男子制服を着ても何も言われない。すね毛が生えたり、恋人ができたり、一つひとつのことが繊細に描かれている。

グザヴィエ・ドラン監督『私はロランス』（二〇一二年）

ＬＧＢＴを描いた映画では、なぜか主人公が犯罪をおかしたり命を奪われたりすることが多いが、この映画は誰ひとりとして犠牲にならないし、出てくる主人公がみんな自己中心的で、「ＬＧＢＴへの理解」なんて狭い枠を超えて対等に描かれている。究極のラブストーリー。

アンジェラ・ロビンソン監督『恋のミニスカウェポン』（二〇〇五年）

エリート女子高生による国家防衛エリート軍団「D.E.B.S」に命じられたのは、悪の天才の美女ルーシー・ダイアモンドの企みを探ること。しかしエリート女子高生は、ルーシーとまさかの恋に落ちてしまい……。同性が好きになって悩んでいる一〇代は、このＢ級映画を観て、しょうもなさに笑うべし！

◆第2章に関連して

フランシス・ウェスリー『だれかが世界を変えるのか――ソーシャルイノベーションはここから始まる』（英治出版、二〇〇八年）

社会を変えた人びとのドラマと、なぜそれが可能だったのかを、研究者たちが鮮やかに描き出した作品。こうすれば社会は必ず変わるというセオリーはないけれど、たんぽぽの綿毛がどこかを目指して飛ぶように、変えたいと思った人たちの行動は思いがけないところで花を咲かせる。社会を変えることに関心のある人は手にとってほしい。

マエキタミヤコ『エコシフト』(講談社現代新書、二〇〇六年)

コピーライターの仕事をしていた著者が、環境問題や世界の貧困をみんなに知ってもらうために考え出したアイデアとは？　かわいいもの、楽しいことを使って人びとの関心を高める「チャーミングアプローチ」の方法と具体的な実践について描かれており、「多様な性にYESの日」のアクションを考えるときに大いに参考になった。

保坂展人『次世代政治家活用法――困ったとき、怒ったときにあきらめるな！』(二見書房、二〇〇三年)

生まれて初めて要望書を書いてみたはいいけれど、何が何だかわからなくて、その頃にそーいちくんに紹介された本。国会議員に何かを伝えるなんて考えてみたことがない人でも、これを読めばきっと勇気と知恵が湧いてくる。

◆第3章に関連して

アーノルド・ミンデル『紛争の心理学――融合の炎のワーク』（講談社現代新書、二〇〇一年）

人種差別をなくしたい人たちに性差別の問題があったり、仲良くしようと言っているのにケンカをしてしまうのはなぜ？　人種やジェンダーをめぐるちがい。戦争の歴史。夜に観るふしぎな夢。誰も語ろうとしないこと。あらゆるレベルで起きている事象にみんなが注意を払うことで、葛藤しているコミュニティのなかにも深い気づきをもたらそうとするグループワークの手法を示した本。

上岡陽江・大嶋栄子『その後の不自由――「嵐」のあとを生きる人たち』（医学書院、二〇一〇年）

親密な誰かからの暴力や、やめることの難しいアルコールや薬物の問題。いちばん大変な場面は乗り越えたはずなのに、サバイバーたちの日々は相変わらずザワザワしていて、「めでたし、めでたし」とは終われない。生きづらさを抱える人や、そのまわりにいる人たちに、ぜひ手にとってほしい一冊。

著者紹介

遠藤まめた（えんどう　まめた）

1987年埼玉県生まれ。トランスジェンダー当事者としての自らの体験をきっかけに、10代後半よりLGBT（セクシュアル・マイノリティ）の子ども・若者支援に関わる。特技はヒアリの同定、弱点はUNO。

著書　『先生と親のためのLGBTガイド～もしあなたがカミングアウトされたなら』（合同出版）、『思春期サバイバル』シリーズ（はるか書房、共著）ほか

オレは絶対にワタシじゃない
——トランスジェンダー逆襲の記

二〇一八年七月二五日　第一版第一刷発行
二〇一九年三月一五日　第一版第二刷発行

著　者　遠藤まめた
発行人　小倉　修
発行元　はるか書房
東京都千代田区神田三崎町二—一九—八　杉山ビル三F
TEL〇三—三二六四—六八九八
FAX〇三—三二六四—六九九二
発売元　星雲社
東京都文京区水道一—三—三〇
TEL〇三—三八六八—三二七五
装幀者　丸小野共生
製　作　シナノ
定価はカバーに表示してあります
落丁・乱丁本はお取り替えいたします
ISBN978-4-434-24956-3　C0036

＊はるか書房の本＊

ここから探検隊制作
10代のモヤモヤに答えてみた。
●思春期サバイバル2（Q&A編）
本体一四〇〇円

ここから探検隊制作
思春期サバイバル
●10代の時って考えることが多くなる気がするわけ。
本体一四〇〇円

時代をつくる文化ラボ制作
リアル世界をあきらめない
●この社会は変わらないと思っているあなたに
本体一六〇〇円